버블

기회의 시그널

버블

기회의 시그널

과도한 유동성과 부채가 가져올
시장의 충격

알레스데어 네언 지음 | **배지혜** 옮김

길벗

시오반, 한나, 알렉산드라, 로클란에게 바칩니다

"금융 시장의 중요한 순간들을 포착해 탁월한 안목으로 선별하고, 친절한 설명을 곁들여 전시한 갤러리 같은 작품이다. 그가 제시하는 전망은 투자자 여러분을 분명 두려움에 떨게 할 것이다. 부디 그 두려움이 자산을 지키기 위한 행동으로 이어지길 바란다. 혜안을 지닌 투자자가 전하는 시의적절한 경고를 기억하라."

–채권투자전문지 〈그랜츠 인터레스트 레이트 옵저버Grant's Interest Rate Observer〉 편집장,
 제임스 그랜트James Grant

"최근 몇 년간 통화 및 재정 확대의 규모가 어마어마해졌고, 자산 가격의 상승 정도는 실물 경제의 성장을 훨씬 뛰어넘었다. 지금 이 시점의 자산시장에 던지는 알레스데어 네언의 냉철한 분석은 주목할 가치가 있으며 이미 자산 가격이 적절한 수준으로 안착하기 힘든 상황에 처했다는 결론은 누구나 귀 담아들어야 한다."

– 전 영국 재무성 사무차관, 맥퍼슨 경Lord Macpherson

"이 책에서 알레스데어 네언은 우리 삶을 둘러싼 모럴해저드 환경의 실체를 훤히 드러내 폭로한다. 지금 우리가 어떤 위험에 처해 있는지 쉬운 언어로 풀어 설명하는 이 책은 다음과 같은 질문을 던진다. '브레턴우즈 체제 이후 이제까지 다져온 경제 및 재정 기반이 근본적으로 무너지는 순간이 바로 지금일까?' 그는 정부 당국과 주요 국가의 중앙은행, 투자 업계 동료들에게 도전장을 던지는 한편, 이들에게 신뢰할 수 있는 대안을 제시하고 지금의 상태를 유지하기 위한 믿을 만한 평가 기준을 제공할 것을 요구한다."

– 〈이코노믹 퍼스펙티브Economic Perspectives Ltd〉 이사 겸 《부채와 망상Debt and Delusion》의 저자,
　피터 워버튼Peter Warburton

코로나19 사태는 우리에게 많은 변화를 가져왔다. 운동 삼아 공원을 걷다 보면 간혹 마스크를 벗고 달리기를 하는 사람을 보게 되는데, 모두가 그 사람을 이상한 눈으로 바라보곤 한다. 코로나19가 없던 시절에 마스크를 쓰고 달리기를 하는 사람을 보았다면 우리는 어떤 반응을 보였을까? 달리기를 할 때 마스크를 쓸 정도로 대기오염에 민감한 사람이라고 생각하지 않았을까? 코로나라는 거대한 단절점은 우리의 인식에 이렇게 큰 변화를 주었다.

그리고 그 단절점은 단지 일상 생활에 그치지 않고 자산시장에도 큰 변화를 가져왔다. 우리는 코로나19로 인해 실물 경제가 주저앉았음에도 불구, 주식 및 채권, 원자재 시장의 이례적인 랠리를 목격하게 되었다. 주식은 실물 경기의 거울이라고 한다. 경기가 좋아져서 기업의 수익성이 높아지게 되면 그만큼의 배당이 증가하기에 주가는 상승하곤 한다. 경기 둔화 우려가 커지게 되면 당연히 주식을 통해 얻어낼 수 있는 수익이 줄어들게 되기에 주가는 하락하곤 한다. 그런데 코로나19로 인해 실물 경제는 신음하고 있음에도 주식시장은 사상 최고치를 수차례 경신하는 모습을 보였다. 주식 뿐 아니라 채권, 원자재, 부동산 등을 가릴 것 없이 모든 자산이 랠리를 펼치는 이른바 에브리싱 랠리Everything Rally가 현실화되었다. 이 책의 저자는 이를 '에브리싱 버블Everything Bubble'이라고 말한다. 버블이라는 의미는 지금의 이 모든 자산 랠리가 지속가능하지 않다는 의미가 된다.

그렇다면 왜 이런 에브리싱 버블이 가능했을까? 저자는 이에 대해 중앙은행과 정부의 과도한 부양책을 언급하고 있다. 그리고 이런 부양책에 상당히 오랜 기간, 그리고 높은 강도로 취해버린 투자자들에게 일침을 가하고 있다. 중앙은행의 양적완화는 채권 금리를 제로로 낮추었고, 그에 따라 모든 위험 자산 수익률의 준거점인 국채의 금리도 최저로 내려가면서 다른 자산의 기대 수익률이 높아졌다. 너무 많은 유동성의 공급은 필연적으로 인플레이션 압력을 불러일으키게 된다. 또한 중앙정부의 과도한 경기 부양은 필연적으로 정부 부채의 급증을 낳게 된다. 금리가 낮은 상황이 지속된다면 이런 과도한 부채 역시 지속가능할 수 있다. 그러나 인플레이션 압력이 높아지면서 금리를 인상해야 하는 상황에 처하게 되면 이렇게 크게 늘어난 정부 부채가 부메랑이 되어 실물 경제를 짓누를 수밖에 없다. 마지막으로 이런 악재가 터질 수 있음에도 정부와 중앙은행의 지원에 취해있던 금융 시장 참여자들은 위기가 닥쳐오고 있음에도 모두 잘 될 것이라는 낙관에 사로잡혀 리스크 관리를 소홀히 하게 된다. 저자는 2000년의 닷컴 버블 붕괴, 2007년의 금융 위기 등을 언급하며 현재의 자산 가격 밸류에이션이 과도하다는 점, 그리고 실질 금리가 과도하게 낮게 형성되어 있다는 점, 부채가 과도하다는 점을 다양한 데이터를 제시하며 차분한 어조로 설명하고 있다.

만약 현재와 같은 정부와 중앙은행의 부양책이 지속가능하지 않다면 어떻게 될까? 저자는 투자자들이 받는 충격은 상당히 클 수 있고, 이는 실물 경제의 둔화를 더욱 더 촉발하는 역 자산 효과를 낳을 수도 있음을 경고하는 것도 잊지 않는다.

물론 저자의 비관론이 다소 과도하게 느껴질 수도 있다. 그러나 우리가 겪어보지 못했던 이례적인 자산시장의 랠리와 투자자들의 과열 양상이 과연 계속해서 이어질 수 있는가에 대해 냉정하게 되돌아볼 수 있는 기회를 제공하고 있다는 점에서 저자의 문제 제기는 충분한 의미를 가진다고 생각한다.

역사 속에서 수많은 버블이 생겨나고 사라져갔다. 그리고 그 버블마다 사람들은 '이번에는 다르다'라는 너무나 위험한 말을 하면서 당시의 버블 현실을 부인했던 바 있다. 지금이 버블인지는 알 수 없지만 우리는 모든 자산은 오를 것이라는, 현재의 투자 붐이 영원할 것이라는 환상에 대해 냉정한 현실론의 잣대를 들이댈 필요가 있다. 그리고 그런 냉정함은 투자에 있어 냉철함을 키울 수 있고, 이는 리스크 관리를 통해 "잃지 않는 투자" 마인드를 강화하는 데 큰 도움이 될 것이다. '거안사위居安思危(편안할 때도 위태로울 때의 일을 생각하라)'라는 말처럼 자산시장이 호황이더라도, 전망이 장밋빛이더라도 위기의 순간을 시나리오에 넣어놓는 것이 성공적인 투자의 좋은 시작점이 될 것이다.

오건영, 《부의 대이동》, 《부의 시나리오》 저자

"몇 주 전 나뭇잎을 법정 통화로 사용하기로 한 이후로 우리는 모두 엄청난 부자가 되었습니다. 그러나 한편으로는," 경영 자문 위원이 말을 이었다. "사용할 수 있는 잎사귀가 너무 많아서 작은 인플레이션 문제를 마주하게 되었습니다. … 그래서 이 문제를 해결하고, 잎사귀의 가치를 효과적으로 다시 정립하기 위해 대규모 고엽 캠페인을 시작하려 합니다. 그러니까 제 말은… 숲 전체를 태워버리려고 합니다. 여러분도 이 방법이 지금 상황에서 내릴 수 있는 가장 합리적인 결정이라고 생각하시리라 믿습니다."

군중은 잠깐 망설이는 듯 보였지만, 누군가가 이 조치를 통해 자신들이 가진 잎사귀의 가치가 얼마나 높아질지를 설명하자 이내 환희에 차서 경영 자문 위원을 향해 기립 박수를 치기 시작했다.

더글러스 애덤스, 《은하수를 여행하는 히치하이커를 위한 안내서 2-우주 끝 레스토랑》(Pan Books, 1980) 중에서

목차 ——

Chapter 1   **이례적인 시대**

Chapter 2   **후한 평가를 받는 시장**

Chapter 3   **위험과 투기**

Chapter 4   **왜 변화해야 하는가**

Chapter 5   **경제 성장이 답인가**

Chapter 6   **향후 시장 시나리오**

Chapter 7   **과거로 보는 미래**

근대 경제사에서 재정 과잉의 시대는 흔치는 않지만 꽤 여러 번 있었다. 우리 세대는 최악의 경제 위기를 두 번 겪었는데, 1970년대 후반 오일쇼크로 인한 글로벌 인플레이션과 2008년 서브프라임으로 촉발된 세계 금융위기였다. 이보다는 정도가 덜했지만 1989~1990년과 1999~2000년(닷컴 버블-옮긴이)에도 꽤 오랜 경제 침체를 겪었다.

위에서 언급한 네 번의 경제 위기는 주식시장을 급격히 무너뜨리는 한편 사람들의 경제 활동에도 큰 타격을 입혔다. 경제와 금융시장에서는 일정한 주기가 반복되곤 한다. 하지만 경제적으로 풍요로운 시대를 살고 있다가 위기를 맞이하게 되면 어찌 됐든 사람들의 생계와 자산은 타격을 받을 수밖에 없다. 그리고 우리가 현재 이런 경제적 풍요를 경험했고 이제 위기를 앞둔 시기를 살고 있다는 사실은 분명해 보인다.

2020년, 전 세계적 팬데믹에 대응하기 시작한 정책 당국은 예방할 수 있었음에도 피해가 막심했던 2000년과 2008년의 시장 붕괴를 반복하지 않길 바랐다. 당시 투기와 무책임한 대출로 주식 시장의 자산 가치는 반 토막이 났고, 이 위기는 먼 과거인 1873년, 1896년, 1907년, 1929년에 발생했던 심각한 금융위기에 견주어도 부족하지 않을 정도로 영향력이 대단했기 때문이다.

우리가 과거에서 교훈을 얻었으리라고 믿는다면 마음은 편할지도 모른다. 하지만 실제로는 전혀 그렇지 않아 보인다. 정치인, 중앙은행의 책임자 같은 세계의 지도자들은 마술사 후디니도 탈출하지 못할 정책 상자에 자신들을 가두고 말았다. 그 결과, 파괴적인 경제 침체를 불러온 주범이었던 재정 과잉이 오늘날 다시 만연하게 되었다.

이 말은 우리가 다시 한번 고통스러운 시기를 향해 달려가고 있다는 뜻이다. 시장이 침체되면 투자자들만 자산을 잃는 것이 아니다. 실물 경제 전체가 영향을 받는다. 나는 역사에 배울 점이 많다고 생각하는 투자자로서, 이러한 상황에 안주하려는 정치인들과 은행가들, 그리고 전문 투자자들이 매우 걱정스럽다.

재정 과잉의 징조는 어디에서나 찾을 수 있다. 비트코인 가격, 하늘 높은 줄 모르고 오르는 주가, 온라인 도박에 대한 광기, 합리적인 사람이라면 절대 하지 않을 '묻지마 투자blind pool', 그리고 클래식 자동차와 현대 미술에 이르는 대부분의 투자 자산의 가격에서 재정 과잉의 조짐을 볼 수 있다.

과거 주식시장이 대폭락하기 전 익히 경험했던 위험한 흐름이 반복되고 있는 것이다. 나는 기술의 발전과 몰락, 그리고 이러한 기술의 성장 주기가 19세기부터 지금까지 금융 시장에 어떤 영향을 미쳤는지를 연구했고, 전작《시장을 움직이는 힘》*에서 이 내용을 자세히 다뤘다.

나는 영국에 거주하고 활동하지만 이 책에 등장하는 데이터는 거의 미국 시장의 데이터다. 다른 나라들이 중요하지 않아서가 아니다. 경제 시장의 균열이 항상 미국에서 가장 먼저 발생하기 때문도 아니다. 우리가 미국에 집중하는 이유는 미국 시장이 세계에서 가장 크고 역동적이면서 지속적으로 관찰할 수 있는 시장이기 때문이다. 또한, 자산 가격이 과하게 상승했을 때 가장 분명한 조짐을 보이는 시장이기도 해서다.

이러한 분석을 책으로 쓰는 이유는 현재 투자자들이 마주한 위

---

*   Nairn, A., 2018. . Engines That Move Markets: Technology Investing from Railroads to the Internet and Beyond. 2nd ed. Petersfield: Harriman House.

험을 바로 보게 하고, 자산을 지킬 수 있도록 미리 조치할 마음이 있는 이들에게 몇 가지 방안을 제시하기 위해서다. 어떤 방안이 가장 적합한지는 앞으로 어떤 시나리오가 진행되느냐에 따라 달라질 것이다.

물론 내 가정과 추론의 방향이 틀렸을 수도 있다. 시장이 예상보다 조금 더 오래 버틸 수도 있고 그렇지 않기도 하다. 하지만 역사에 비춰보면, 희망적이기만 한 전망은 사람들의 사기를 북돋우는 데는 도움이 되지만 결코 건설적인 투자 접근 방식은 아니었다. 신중한 투자자라면 오늘부터라도 당장 위기에 대응해야 한다.

에든버러에서
알레스데어 네언

Chapter 1

이례적인
시대

최근까지의 경험을 바탕으로 우리는 정부와 중앙은행이 경제 문제 대부분을 해결할 수 있다고 믿게 되었다. 하지만 우리의 믿음과는 달리 이런 방식이 경제를 발전시키고 수익성을 높이는 데 효과적이라고 입증된 적은 없다.

현재 시장의 상황

우리는 이제까지의 금융 시장과 비교했을 때 여러 부분에서 전혀 다른 양상을 보이는 이례적인 시대를 살아가고 있다. 2008년 세계적인 금융위기를 겪은 지 13년이 지난 후, 새로운 10년을 맞이하는 현재 시장 상황의 특징을 정리하면 다음과 같다.

- 수백 년 동안 금리가 이렇게 낮은 적이 없었다. 권위 있는 한 인물*에 따르면 5,000년** 전부터 지금까지를 봤을 때, 현재 금리가 가장 낮은 수준이라고 한다.
- 각국 정부에서는 과거 어느 시기보다 많은 돈을 빌렸고 부채규모가 점점 커지고 있다. 미국을 예로 들면 미국 정부는 제2차 세계대전이 한창일 때보다 더 많은 부채를 지고 있다.

---

* Haldane, A., 2015. Stuck, Milton Keynes, Open University.
** Sylla, R. and Homer, S., 2013. A History of Interest Rates. Hoboken, N.J.: Wiley.

- 세계 금융위기가 끝난 후 각국의 중앙은행들은 여태 가능하리라고 생각조차 한 적 없는 수준으로 돈을 찍어내고 통화 부양책을 확대해왔다.
- 느린 경제 성장과 코로나19 팬데믹으로 인한 충격으로 인해 현재 각국 정부에서는 평시 상황에서는 유례없는 재정 확대fiscal expansion 정책을 펼치기 시작했다.
- 이제껏 한 번도 시도해 본 적이 없으며, 위험이 닥쳐올 것이 뻔한 상황인데도 현재의 무모한 통화 및 재정 부양책이 엘리트 집단의 지지를 받고 있다.
- 채권자, 즉 대부분의 은행은 믿을 만한 채무자 대신 부채를 상환하지 못할 위험이 큰 채무자에게 더 위험한 조건으로 대출을 실행할 의지를 보여왔다.
- 2020년 10월, 명목 금리가 마이너스인 '투자등급investment-grade' 회사채 거래액은 회사채 전체 거래액의 4분의 1이 넘는 18조 달러에 달했고, 실질 금리가 마이너스로 거래된 국가 부채는 31조 달러를 넘어섰다. 미국 국채의 실질 수익률은 거의 2년 내내 마이너스였다.
- 현재 주식시장 밸류에이션은 극단적인 수준으로, 역대 시장 평균과 비교한 표준편찻값이 +2 표준편차에서 +3 표준편차 사

이에 위치하는데, 이는 1929년과 2000년 주식시장이 붕괴하기 전 관측되었던 재정 과잉의 흐름과 크게 다르지 않다.

- 여러 유형의 투자 자산, 금융 기관, 개인의 행동에서 투기 심리와 자산 과잉의 사례를 수도 없이 찾을 수 있다. 비트코인이 가장 대표적이지만 다른 투자 자산들 역시 마찬가지 상태다.

투기 심리가 널리 퍼져 있고 고평가된 시장에 급제동이 걸리는 것은 시간문제다. 지금과 비슷했던 과거의 상황에 비춰보면, 현재 우리가 마주한 재정 과잉을 바로잡는 과정은 매우 힘들고 어려울 것이다.

새로운 현상이 아니다

우리는 이미 이런 상황을 겪은 적이 있다. 과거를 돌아보면 재정 과잉의 시대가 언제였는지 금방 찾을 수 있다. 일반적으로 이러한 시대에는 핵심적인 특징을 따서 이름을 붙인다. 1960년대의 니프티 50Nifty Fifty(S&P 500 지수의 상위 50개 종목을 일컫는 말이다. 1960년대 이러한 종목에 투자자가 몰리면서 시장이 고평가되었고, 1970년대 들어 거품이 빠지자 주가가 큰 폭으로 떨어졌다-옮긴이), 1980년대 일본 부동산 버블, 1990년대 아시아 금융위기, 2000년대 닷컴 버블(통신Telecoms, 미디어Media, 기술Technology의 머릿글자를 따서 TMT 버블이라고도 함)을 예로 들 수 있다. 2008년 금융위기로 이어진 서브프라임 모기지 사태도 좋은 예다.

과거의 위기에서 볼 수 있는 공통된 특징은 과도하게 위험을 감수하려는 투자자가 늘고 자산 가격이 과열하는 조짐이 보였음에도 정부와 중앙은행이 빠르게 대처하지 못했다는 점이다. 윌리엄 마틴 전 연준 의장이 했던 유명한 말을 인용하자면 이들은 파티가 무르익기 전에 '펀치볼을 치우는 데' 실패한 셈이다. 그 결과 원래 겪어야 했던 것보다 더 길고 힘든 숙취를 겪을 수밖에 없었다.

과잉 밸류에이션 시기$_{period of overvaluation}$가 지나면 일반적으로 자산들의 가격이 정상 수준으로 돌아가는 시기가 뒤따라 온다. 이때 가장 손해가 큰 경우는 경제 위기가 촉발되는 데서 그치지 않고 경기 침체가 점점 심화되어 여러 자산의 가격이 하락하면서 광범위한 부수적 피해가 발생하는 경우다.

피해 규모는 그동안 부채로 인해 자산 가격이 어느 정도 상승했느냐에 따라 크게 달라진다. 주식시장을 부풀리고 결국은 시장과 경제를 한없이 침체하게 만드는 훌륭한 연료 역할을 하는 것이 바로 부채다. 우리가 오늘날 이렇게 아슬아슬한 상황을 맞이한 이유도 10년이 넘는 기간 동안 부채가 폭증했기 때문이다.

재앙적인 결말을 맞이하기는 했지만, 과거 재정 과잉의 시기가 단지 집단적인 광기 때문에 발생했다고 치부해서는 안 된다. 합리적인 논리들이 호황이었던 경제를 침체기로 이끄는 발단이 될 때도 많기 때문이다. 그리고 이런 논리들은 더 많은 투자자가 믿게 될수록 느리지만 확실하게 확산된다. 그러면 가격을 올리던 원동력, 즉 부채가 원래의 역할을 멈추고 그 자체로 모멘텀을 발전시키는 지경에 이르게 된다. 저렴하게 빚을 질 수 있는 시장에서는 문제가 더욱 심각해질 수밖에 없다. 그리고 여기서 문제는, 물론 다른 목적을 위해서이기는 하지만 정부에서 의도적으로 이런 정책을 펼치기도 한다는 것이다.

좋은 예시가 바로 1980년대 일본 주식시장과 부동산 버블이다. 일본 경제가 성공적이고 역동적으로 성장하고 있기는 했지만, 버블이 발생한 근본적인 이유는 미국 연방 준비 위원회에서 인플레이션을 제지하기 위해 고금리 정책을 펼친 후 1980년대 초 달러 가치가 가파르게 상승하자 이를 멈추기 위해 1985년에 맺은 국제 통화 협정, 플라자 합의 때문이었다.

결국, 달러 가치가 꾸준히 하락하고 일본 통화인 엔화의 가치가 올랐으므로 정책은 대단히 성공적이었다고 할 수 있다. 일본 당국은 통화 가격이 상승해 손해를 볼 수출업자들을 위해 저 금리로 쉽게 대출을 받을 수 있게 정책을 펼쳤다.

하지만 결과적으로 부동산 회사, 은행, 부동산 자산을 지닌 회사(예를 들면 철도 회사나 도쿄만 지역에 토지를 소유한 회사)의 밸류에이션이 급등하고 말았다. 한때 도쿄에 있는 황궁이 캘리포니아주 전체보다 가치가 더 높다고 추정되기도 했다. 도쿄의 부동산은 뉴욕 맨해튼의 부동산 가격과 비교해 평방피트당 350배 높은 가격으로 거래되었다. 1988년, 도쿄 주재 호주 대사관은 관저에 있던 테니스 코트를 6억 4천만 달러에 매각했다.*

당시에도 일본 자산이 과대평가되었다는 말이 돌았지만, 터무니없이 낮은 금리를 활용해 빚을 져서라도 거침없이 오르는 부동산과 주식에 투자하는 투자자들을 막을 방법은 없었다. 자산이 과대평가되었다는 사실을 잘 아는 전문 투자자들이라면 고객의 돈을 이러한 자산에 투자하고 싶은 유혹을 뿌리쳤으리라 생각할 수도 있다. 안타깝게도 현실은 그렇지 않았다.

전문 투자자의 능력은 벤치마크 지수와 투자자의 성과를 비교해 평가된다. 당시 일본 시장은 벤치마크 지수에서 가장 큰 부분을 차지했고, 가파르게 성장하고 있었다. 전문가들은 이른바 '지수의 저주'로 인해 벤치마크 지수보다 자신의 성과가 뒤처질 수 있는 '커리어 리스크'의 압박을 받았다. 전문 투자자가 커리어 리스크와 투자금 손실 위험 중 한쪽을 선택해야 하는 상황을 마주하면 거의 예외 없이 커리어 리스크가 우선된다. 1980년대뿐만 아니라 오늘날에도 마찬가지다.

부채로 한껏 부풀었던 일본 자산 가격의 거품은 1992년이 되어

---

*   Fraser, A. and Coelle, A., 1988. Embassy sale nets $640m. Canberra Times.

서야 비로소 터졌다. 정부는 이미 엄청난 부채를 지고 있었고 은행들은 거의 파산 지경에 이르렀던 상황에서 터진 거품으로 인해 일본 경제는 그 후 20년 동안 느린 성장의 늪에 빠져 허우적거렸다. 그리고 일본의 주식시장은 아직도 30년 전의 고점을 회복하지 못하고 있다.

비록 원인은 다르지만, 한 가지 요소만 더하면 오늘날의 시장은 당시 일본의 상황과 매우 비슷하다. 이런 위기 상황에서 재정 과잉은 보통 특정 지역이나 산업군에 영향을 끼치며 다른 유형의 자산들에 전체적으로 퍼지기보다는 제한적인 영향을 미친다. 결과적으로 시장에 '버블'이 발생하더라도, 투자자들에게 주목받지 못한 영역에서 투자 가치를 찾으려고 한다면 여전히 기회가 있을 수 있다는 뜻이다.

그러나 이번 시기만의 독특하면서도 고유한 특징은 부채가 폭발적으로 증가하는 동시에 특정 섹터에서만이 아니라 '투자할 수 있는 거의 모든 자산'에서 과도한 투기가 일어나고 있다는 점이다. 이제까지 국채는 전통적 안전 자산으로써 투자자들이 경제 위기에 방어하기 위해 활용하는 투자 수단이었지만, 현재의 채권 시장은 곧 닥칠 위기의 진원지가 되었다. 정부 부채액이 평시 수준에서는 전례 없는 수준이고, 채권 금리도 간신히 0을 넘긴 상황에서 국채는 더 이상 기존의 안전망 역할을 할 수 없게 되었다. 이런 상황이므로 '모든 자산이 거품이다(에브리싱 버블)'라는 말은 전혀 과장이 아니다. 오히려 현재 시장을 아주 적절하게 설명한다고 할 수 있다.

문제의 핵심

금융 시장이 과열되는 근본적인 원인은 아주 다양하지만, 자산 가격에서 인플레이션이 발생하는 이유는 대부분 낮은 금리 때문이다. 저금리는 거품이 끼는 시장과 돈이 저렴해지는 이유의 공통분모다. 그리고 이 현상은 이제껏 우리가 봐온 것처럼 신중하지만 근시안적인 사고와 잘못된 판단을 바탕으로 만들어진 정책의 결과 때문일 때가 많다.

이번에도 마찬가지일까? 답은 명백히 '그렇다'이다. 오늘날 문제의 핵심은 화폐 가치가 이렇게까지 낮았던 적이 없을 뿐만 아니라 정책을 세우는 정부와 중앙은행의 책임자들이 돈의 값어치를 너무 오랫동안 고의적으로 너무 낮게 유지해온 탓에 그들 스스로 펼친 술책에서 빠져나올 방법이 거의, 또는 아예 없어졌다는 사실이다.

이런 사태의 원인을 설명하기는 어렵지 않다. 바로 2008년 세계 금융위기의 트라우마 때문이다. 2008년의 세계 금융위기는 1930

년대 대공황에 이르기 전의 몇 년과 비슷한 양상으로 불길하게 진행되고 있었고, 정치인들은 어떤 희생을 치러서라도 대공황기를 반복하지 않겠다는 집념을 가지고 정책을 펼쳤다.

좁은 관점에서 보면 정책은 성공적이었다. 세계 금융위기 이후 경제가 침체할 조짐이 조금이라도 보이면 전 세계의 통화 당국은 이에 강력하게 맞대응했고, 금리 인하와 양적 완화를 활용한 통화 부양책monetary stimulus이 이전과는 비교할 수 없는 수준으로 적용되곤 했다.

금융위기 때문에 시장에 슬럼프가 올 것을 우려하는 사람이 많았지만, 통화 정책 덕분에 경제는 느린 속도로나마 꾸준히 성장했다. 1930년대 경험한 끔찍한 디플레이션도 다시 발생하지 않았다. 정책 반응을 논하는 비평가들은 통화 정책이 너무 느슨해 소비자 물가 인플레이션이 더 높아질 수밖에 없다고 주장했다.

이는 잘못된 분석이었다. 실질적으로 세계 금융위기에 대한 대응은 아직까지 소비자 물가에 거의 영향을 미치지 않았다. 놀랍게도 2021년 현재 인플레이션은 아예 발생하지 않거나 중앙은행의 목표인 연간 2%보다 낮은 수준에 머무르고 있다.

하지만 여기서 문제는 전 세계 은행 시스템이 붕괴하지 않도록 임시방편으로 사용하던 정책이 시간이 흐르면서 완전히 다른 취급을 받게 되었다는 점이다. 지난 10년 동안 시장에서 부정적인 조짐이 보일 때면 금리 인하 또는 양적 완화 같은 통화 부양책이 거의 반사적으로 사용되었고, 시간이 흐르면서 이 방법이 정답이라는 인식이 금융 시장에 위험할 정도로 깊이 뿌리내렸다.

인플레이션이 발생하지 않자 중앙은행의 책임자들은 이러한 쉬운 정책을 더욱 고수하게 되었다. 무엇보다 이 정책을 시행하는 데 비용이 들지 않는다는 큰 장점도 있었다. 사람들도 정부와 기업에서 부담해야 할 부채가 늘어나는 것이 위험하지 않다는 생각을 갖게 되었다.

이들의 논리에서 옳은 점을 하나 찾는다면 화폐 가치가 낮아지므로 새로운 부채를 얻거나 기존 부채를 유지하는 비용이 점점 낮아진다는 것이다. 역설적이게도 GDP에서 정부 부채에 대한 이자 지급액이 차지하는 비율이 지금보다 낮았던 적이 거의 없다.

이는 현재 금리가 5,000년 역사상 가장 낮기 때문이다. 영국 중앙은행 수석 이코노미스트였던 앤디 홀데인Andy Haldane의 약간의 과장이 섞인 듯한 발언을 살펴보자.

"몇 년 전 열린 의회 위원회 청문회에서 저는 세계 금리가 사상 최저 수준이라고 과감하게 주장했습니다. 한 똑똑한 동료가 제게 '바빌론 시대에 이보다 더 낮은 금리를 적용한 적이 없는지 어떻게 알 수 있느냐'고 되묻더군요. 연구 조교 몇 명과 지치도록 연구한 끝에 나는 다행히 내 생각이 틀리지 않았다고 확신할 수 있게 되었습니다. 이자율은 지난 5,000년을 통틀어 그 어느 때보다 낮습니다."*

하지만 증거를 찾기 위해 바빌론 시대까지 거슬러 올라갈 필요도 없다. 영국 중앙은행 또한 800년간 기록을 남겨왔기 때문이다 (그림 1). 이 기록만 봐도 현재의 금리가 역대 최저 수준 또는 그즈음에 있다는 사실을 알 수 있다.

이는 절대 우연히 일어난 일이 아니다. 경제 대공황이 반복될지도 모른다는 두려움 때문에 당국에서는 금리를 압박하는 정책을 13년 넘게 유지했고, 이 정책은 원래의 타당성을 잃은 지 오래되었다. 이를 두고 2015년 홀데인은 세계 금융위기 같은 사건에 대한 정서적인 동요를 의미하는 '불안 리스크$_{dread\ risk}$' 때문에 불안감이 널리 퍼져 금리가 묶이게 되었으며, 이런 사건이 '위험에 대한 인식을 과장하며 더 오래 유지시킨다'고 주장했다.**

홀데인이 연설에서 이런 주장을 펼친 지 6~7년이 지난 지금, 상황은 달라졌다. 2020년에 코로나19 바이러스가 전 세계를 강타하기 전까지 1930년대 대공황이 반복될 위험이 거의 없는데도 불구

---

*   Haldane, A., 2015. Stuck.
** Haldane, A., 2015. Stuck.

그림 1 | 단기 및 장기 금리

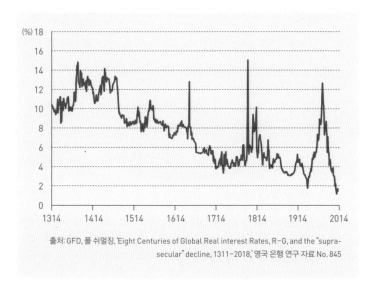

출처: GFD, 폴 쉬멜징, 'Eight Centuries of Global Real interest Rates, R−G, and the "supra-secular" decline, 1311-2018,' 영국 은행 연구 자료 No. 845

하고 정책은 계속 유지되었다. 그 와중에 코로나 시국을 맞이하자 새로운 불안 리스크가 더해졌다. 코로나19 바이러스가 나타나지 않았다 해도 중앙은행에서 통화 부양책을 축소하기 시작했을까?

답은 부정적이다. 으레 그래왔듯, 팬데믹에 대응한다며 금리 인하와 대규모 양적 완화가 시작되었다. 여느 때처럼 이러한 대응은 경제 침체를 성공적으로 막아냈다. 1년이 더 지난 지금 효과적인 백신 몇 개가 개발된 덕분에 세계 경제는 회복세로 접어들었고, 여러 나라의 주식시장 지수가 역대 최고점을 갱신하는 등 자산 가격

역시 반등하고 있다.

하지만 금리는 여전히 낮게 유지되고 있다. 채권 금리가 떨어진 덕분에 정부는 비싼 값에 진 부채 의무를 훨씬 낮은 금리로 계속해서 차환할 수 있게 되었다. 이전 세대가 봤다면 무책임하다고 여겼을 일이지만, 앞에서도 이야기했듯 요즘 세상에서는 빚이 더 많아져도 그에 대한 불이익은 없는 듯 보인다.

이에 힘입어 각국 정부는 세계 금융위기 직후 시장에 개입하며 발생한 지출을 충당하기 위해 펼쳤던 긴축 정책을 포기하기 시작했다. 당시에는 부채로 발생한 국제적 위기를 더 많은 빚을 져서 해결한다는 생각이 말이 안 되는 것처럼 보였다. 하지만 역설적이게도 이러한 해결책은 현재 새로운 통설로 자리 잡았다.

빚을 덜 지려고 노력하기는커녕, 정부에서는 지금과는 상황이 매우 달랐던 1930년대 이후로는 한 번도 실행된 적 없었던 규모로 지출과 투자를 늘렸다. 2020년, 코로나19 팬데믹으로 심각한 경제 침체가 찾아오자 정부에서는 지출을 더욱 늘려갔다. 이에 따라 공적 부채의 발행 규모는 폭발적으로 늘게 되었다.

광범위한 체계적 요인

한편 세계 경제에는 새로운 위험을 불러올 중요한 변화가 있었다. 1990년대 이후 물가를 떨어뜨리는 동력으로 작용했던 추세들이 새로운 국면을 맞이하면서 지난 30년간 유지된 완만한 물가 인상은 조만간 과거의 일이 될 위험이 커지고 있다.

지금까지 생산성 향상과 경제 성장에 긍정적으로 작용해왔던 이러한 흐름이 앞으로는 경제 발전을 방해하게 될 것이다.

방해 요인 몇 가지를 예로 들면 다음과 같다.

- 세계 인구가 고령화되고 있다. 세계 주요 경제 시장 대부분에서 부양비(비생산연령인구를 생산연령인구로 나눈 값)가 점점 커지고 있다. 이는 경제 활동을 하지 않는 인구를 부양해야 할 생산 인구가 점점 준다는 뜻이다.
- 지구가 따뜻해지고 있다. 지구 온난화의 위협에서 벗어나기 위

해서는 화석 연료와 탄화수소를 기반으로 한 경제 구조에서 벗어나야 한다. 꼭 필요한 일이기는 하지만, 중기적으로는 비용이 많이 들 수밖에 없다.

- 포퓰리즘의 대두와 여러 정치적 요인 때문에 이민을 통한 노동력의 이동이 줄어들었고, 노동 시장은 전처럼 세계적으로 자유로운 경쟁을 할 수 없게 되었다.

- 소비에트 연방의 몰락, EU의 확장, 중국의 국제 경제 시스템 통합 이후 폭발적으로 증가했던 국경을 넘는 노동 인구가 점차 줄고 있다.

- 중국과 아시아 시장 전반에서 산업화가 진행됨에 따라 농촌에서 도시로 인구가 대거 이동했고, 이에 따라 생산성이 향상되었다. 그러나 이제 이러한 현상은 전보다 훨씬 적게 일어날 것이다.

- 부품 또는 원자재를 하나의 공급원에 의존하던 기업들이 변하고 있다. 대체 공급업체를 마련하지 않은 채 공급망을 확장하는 전략에 심각한 위험이 따른다는 사실을 인식했기 때문이다.

이러한 강력한 추세는 정치적인 결정에도 큰 변화를 가져왔다. 전 세계에 뿌리내렸던 자유 시장에 대한 믿음 대신 정부가 더 개입해야 한다는 인식이 자리 잡았으며, 팬데믹 이후 이런 추세는 더욱 심화되고 있다. 최근까지의 경험을 바탕으로 우리는 정부와 중앙은행이 경제 문제 대부분을 해결할 수 있다고 믿게 되었다. 하지만 우리의 믿음과는 달리 이런 방식이 경제를 발전시키고 수익성을 높이는 데 효과적이라고 입증된 적은 없다.

Chapter 2

후한 평가를
받는 시장

음악이 멈추면 유동성에 복잡한 문제가 생길 것이다. 하지만
음악이 계속되는 이상 일어나서 춤을 춰야만 한다. 우리는 아
직 춤을 추고 있다.

시장을 모르거나
모른 체하거나

오늘날 투자 자산에 가격이 매겨지는 구조는 이제까지 금융 시장에서 일반적으로 여겨지던 구조와 매우 다르다. 시장이 고평가되고 부채가 치솟는 상황을 고려하면 주식에 투자하든 채권에 투자하든, 투자자들은 걱정이 될 수밖에 없다. 이 두 시장의 실적을 연구하다 보면 갈수록 비현실적으로 변해가는 모습을 보게 되니 말이다.

1980년대 일본의 상황과 마찬가지로 세계 금융위기를 해결하기 위해 펼친 금융 완화 정책이 자산 가격을 상승시키는 엄청난 모멘텀이 되었다. 이는 말이 되지 않는 상황이 아니다. 금융 자산의 가치를 평가할 때는 '무위험' 자산을 활용한다. 일반적으로 정부 부채, 즉 국채를 채무불이행 위험이 없는 자산으로 여겼다. 이런 무위험 자산으로 얻을 수 있는 수익이 10년 이상 억눌려 왔으니 모든 자산 가격이 부풀려진 것은 그리 놀랍지 않다.

엄청난 규모로 재정 및 통화 부양책을 펼치며 기록적으로 낮은 수준으로 금리를 유지한 결과, 현재 우리는 불이 붙은 폭탄을 들고 있는 것이나 마찬가지인 상황에 당면했다. 오늘날 정책 입안자들은 시장이 약화할 징조가 보이면 손실을 최소화하기 위해 거의 즉각적으로 반응하며, 투자자들은 앞뒤 가리지 않고 조심성 없는 결정을 내리곤 한다. 투자에 과도한 위험을 감수하고 금융 자산에 지속되기 힘든 가치가 부여하는 데 너무나 적극적인 환경에 둘러싸여있다.

주식시장

선진국의 주식시장은 기존의 측정 기준 중 무엇을 사용하더라도 지나치게 고평가되어 있다. 주가순자산비율 PBR, price-to-book value, 주가잉여현금흐름비율 PCFR, price-to-free cash flow, 주가수익비율 PE, price-to-earnings, 토빈의 Q Tobin's Q(주가를 자본의 대체 가치로 나눈 값) 중 어떤 것을 사용하더라도 자산 가치가 정상적인 수준보다 지나치게 높게 평가되어있다는 사실을 알 수 있다.

각각의 측정 기준은 시장이 특정 시점에서 어떻게 평가되는지를 보여줄 뿐이다. 이렇게 단기적인 요인을 잘못 이해하면 중요한 계

그림 2 │ 역대 정상 범위를 벗어난 밸류에이션

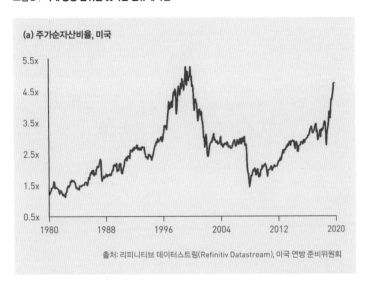

(a) 주가순자산비율, 미국

출처: 리피니티브 데이터스트림(Refinitiv Datastream), 미국 연방 준비위원회

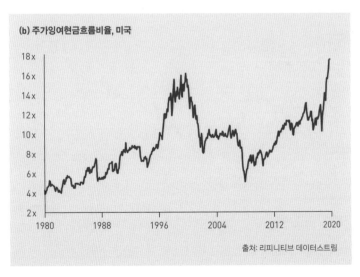

(b) 주가잉여현금흐름비율, 미국

출처: 리피니티브 데이터스트림

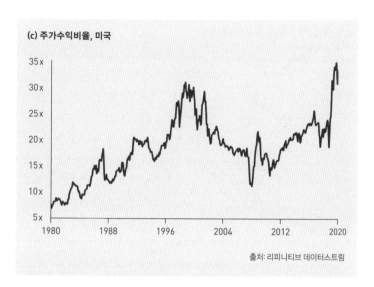

(c) 주가수익비율, 미국

35x
30x
25x
20x
15x
10x
5x

1980 1988 1996 2004 2012 2020

출처: 리피니티브 데이터스트림

(d) 토빈의 Q, 미국

1.8x
1.6x ········· 평균
1.4x ········· 1SD
1.2x — — 2SD
1.0x
0.8x
0.6x
0.4x
0.2x
0.0x

Q4 1951 Q4 1968 Q4 1985 Q4 2022 Q4 2019

평균 / 1SD: 1표준편차 / 2SD: 2표준편차
출처: 리피니티브 데이터스트림

산이 왜곡될 수도 있다. 그래서 왜곡될 가능성을 제거한 측정 기준을 사용하면 더 신뢰할 수 있는 결과를 얻을 수 있다.

이런 목적으로 자주 사용되는 기준은 예일대학교의 로버트 실러Robert Shiller 교수가 창안한 지표로, 주가순이익비율을 경기 주기를 바탕으로 조정한 경기조정주가수익비율CAPE, Cyclically Adjusted Price-to-Earnings ratio이다. 이것은

> **토빈의 Q 비율**
>
> 미국의 경제학자 제임스 토빈이 제시한 개념으로, 기업의 설비투자 동향이나 기업의 가치평가에 이용되는 지표다. 토빈은 토빈의 Q 비율이 1로 회귀하는 경향이 있다고 주장했다. 실제로, 미국 주요 기업들의 Q 비율이 1을 초과해 2에 근접했던 1929년과 1968년에 주가가 폭락해 결국 1 수준으로 회귀했다는 연구가 있다. 또한 1999년 말 닷컴 버블이 꺼지기 직전에도 미국 주요 기업들의 Q 비율이 2를 초과해 매우 고평가되어 있었다.
>
> **토빈의 Q 비율 = 기업의 시장가치(시가총액)/ 기업 실물자본의 대체비용 (순자산가치)**

실제 시장이나 경제 주기에 따라 조정된 수치는 아니지만. 대신 10년간의 순수익 평균 수치를 기준으로 삼아 각각 다른 경기 주기마다 달라질 수 있는 요인을 제거한다.

그래서 대략적인 정보만을 전달하기는 하지만, 이 방법은 주식시장의 고점과 저점을 보여주는 간단한 가이드로서 오랫동안 사용되

그림 3 │ 미국 경기조정주가수익비율(1881~2021년)

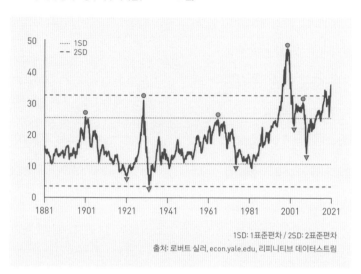

1SD: 1표준편차 / 2SD: 2표준편차
출처: 로버트 실러, *econ.yale.edu*, 리피니티브 데이터스트림

어 오며 그 효율성을 입증해왔다. [그림 3]에서도 볼 수 있듯, 미국의 경기조정주가수익비율은 주식시장이 모습을 갖춘 후 역대 두 번째로 높은 수준이다. 1929년의 기록을 포함해도 두 번째로 높다. 주목할 점은 현재 우리가 역대 평균 수준보다 2표준편차 이상 높은 구간에 있다는 사실이다. 이 그래프에서는 각 고점 뒤에 따라온 하락세의 정도도 확인할 수 있는데, 그다지 반가운 모습은 아니다.

경기조정주가수익비율이 앞으로 16%만 높아지면 역대 평균보다 3표준편차 높은 구간에 진입한다. 과거의 경험에 비추어 볼 때,

이건 조심해야만 하는 상황이다. 얼마 전까지 밸류에이션이 3표준편차 범위에 도달할 확률이 0.3%보다 낮다는 점은 시장 붕괴를 예측할 수 없다는 변명거리로 사용되었다. 1,000년 만의 대홍수가 발생할 줄 몰랐다고 하는 것보다는 덜 비겁하

> **경기조정주가수익비율(CAPE)**
> 2013년 노벨 경제학상 수상자인 로버트 실러가 발전시킨 주가 가치평가 지표로, S&P500 지수와 주당순이익(EPS) 10년치의 평균값으로 산출한다. CAPE(cyclically adjusted price earning ratio)는 주가가 지난 10년간 평균 EPS의 몇 배인지를 나타내며 CAPE가 높을수록 주식시장이 과열되어 있다고 분석한다.

지만, 최근의 기후 변화를 놓고 보면 꼭 그렇지만도 않은 것 같다.

이런 주장은 보통 문제의 근본 원인으로 예측할 수 없는 사건을 탓함으로써 결과를 예측하지 못한 데 대한 비난을 완화하기 위해 인용된다. 비슷하게 자주 사용되는 비유로, 일어나지 않을 것 같은 일이 일어나는 현상을 뜻하는 '블랙 스완'이라는 용어가 있다. 머릿속에 잘못된 기간의 데이터나 잘못된 가정을 바탕으로 기준을 세워두면 다음 행보를 제대로 예측할 수 없게 된다. 밸류에이션이 3표준편차 구간으로 진입하는 사태를 경고하는 목소리는 계속 있었지만 아직까지도 우스갯소리쯤으로 여겨지는 실정이다.

그림 4 | 경기조정 초과주가수익비율(1881~2021년)

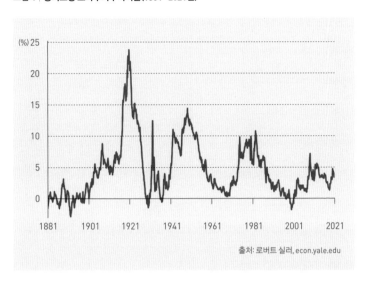

출처: 로버트 실러, econ.yale.edu

    이례적인 밸류에이션 결과가 명백하게 보이는 상황에서도 투자자와 평론가 대부분은 시장이 꼭대기에서 추락할 위험에 대해 낙관적이다. 이들이 평정을 유지할 수 있는 이유는 기존의 측정 기준으로는 자산이 고평가되어 있지만, 채권 가격과 비교하면 이제까지의 자산 밸류에이션 수준에서 크게 벗어나지 않는다고 생각하기 때문이다.

    상장된 회사의 이익수익률earnings yield(시가총액 대비 수익 비율)을 10년 만기 미국 정부 채권 수익률과 비교한 [그림 4]를 살펴보자. 로버트 실러는 이러한 측정방식을 '초과주가수익률'이라고 불렀다.

이렇게 보면 정말로 걱정할 필요가 없는 것처럼 보이기도 한다. 현재의 '초과주가수익'은 이제까지의 변동 폭의 중간 정도이고, 주식시장의 붕괴가 있었던 1929년과 2000년보다는 훨씬 나은 편이기 때문이다.

따라서 역대 수치로 판단했을 때 경기조정주가수익비율이 기록적으로 높은 이유를 현재 채권 수익률이 근대 최저 수준이어서라고 설명할 수도 있다. 이런 주장이 현명한지는 또 다른 문제다. 채권 수익률이 낮은 상태가 계속되리라고 생각하는지에 따라 많은 것이 달라지기 때문이다.

채권 시장

[그림 5]에서 볼 수 있는 것처럼 채권의 명목상 이율은 현재 극단적으로 낮은 수준이며 장기적으로 계속 하락해왔다. 미 재무성 국채의 수익률을 기준으로 자본비용의 움직임을 살펴보자. 1970년대 세계 경제는 인플레이션에 심각한 타격을 입었는데, 1980년대 폴 볼커가 연준의 의장으로서 인플레이션 문제를 해결하기 위한 권한을 얻기 시작한 시점부터 자본비용의 하락세는 계속되어왔다.

그림 5 | **10년 만기 채권 수익률 및 인플레이션, 미국**

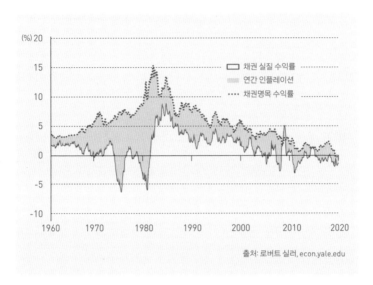

출처: 로버트 실러, econ.yale.edu

최고점에 도달할 때까지 16%밖에 여유가 없는 상황에서 10년 만기 국채 수익률은 2% 미만 수준으로 떨어지다가 아주 최근에는 0% 아래로 떨어지기 일보 직전인 '제로 금리 하한' 상태가 되었다. 근대에 접어든 이후로 한 번도 경험한 적 없는 상황이다. 신용이 흠잡을 데 없이 좋은 국가의 정부라도 단기 부채를 제외하고는 실질적으로 아무 비용 없이 돈을 빌릴 수 있었던 적은 없었다. 따라서 현재 상황은 이론적으로나 현실적으로 지속될 수 없다.

하지만 2020년, 코로나19로 인한 세계적인 팬데믹이 선언된 후

공포에 질린 시장 반응이 절정일 때 10년 만기 국채의 명목 이율은 0.5%까지 떨어졌고, 재무성 단기채권 대부분은 마이너스 금리로 거래되었다. 금리는 회복되었지만 채권 수익률은 여전히 기록적으로 낮은 수준에 머물러있으며 2021년 6월 중순까지도 10년 만기 국채의 수익률은 1.5%에 그쳤다.

채권 투자자들이 무엇에 가장 주목하는지 안다면 현재 상황이 더욱 비정상적으로 보인다. 투자자들은 자신이 챙기게 될 실질 수익률(인플레이션을 제한 후 수익률)에 가장 민감하게 반응한다. 실질 수익률은 명목 수익률에서 인플레이션을 뺀 수치다. 정상적인 상황에서는 양수이지만, 실질 수익률이 0보다 떨어지면 채권을 매입하거나 만기까지 보유하는 이들은 인플레이션을 적용할 경우 처음 투자한 돈의 본전도 찾지 못한다.

세계 금융위기 이후 전 세계 여러 정부의 채권 실질 수익률이 마이너스였던 시기가 몇 번 있었다. 이 역시 우리가 이제껏 겪어본 적 없는 현상이었다. 2020년 한때 채권의 평균 명목 수익률이 플러스일 때가 있었지만, 전 세계 3분의 1 이상의 정부에서 발행한 채권의 실질 수익률은 여전히 마이너스인 상태로 거래되었다. 다른 조건이 변하지 않는 한 이런 채권을 매입한 투자자들의 구매력은 점차 하락할 수밖에 없다.

그림 6 | 채권 및 자기자본 명목 수익률, 미국

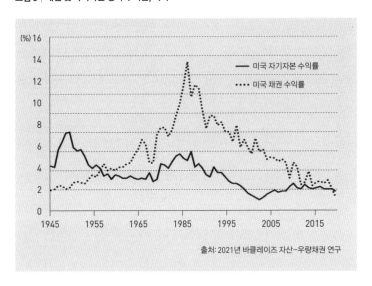

출처: 2021년 바클레이즈 자산-우량채권 연구

[그림 5]를 자세히 보면 알 수 있듯, 세계 금융위기 이후 실질 수익률이 0이거나 0 이하였던 적이 몇 차례 있었다. 마지막으로 이런 현상이 나타났던 때는 1970년대 석유파동(그다지 반길만한 전례는 아닌) 때였다. 그보다 앞서 실질 수익률이 마이너스였던 것은 제2차 세계대전 직후였는데, 당시 정책 당국에서는 전쟁을 치르며 발생한 부채를 갚을 동안 경제가 성장할 시간을 벌기 위해 오늘날과 마찬가지로 고의로 이자율을 억제하는 정책을 펼쳤다.

어떤 경우든 채권 투자자들은 시장이 정상으로 돌아갈 때까지 실질적으로든 명목상이든 엄청난 손실을 볼 수밖에 없다. 오늘날 채권 투자자들은 낮은 채권 수익률 때문에 수익이 거의 나지 않을 것만 걱정해야 하는 것이 아니라 엄청난 자본 손실 위험이 증가하는 것까지도 걱정해야 하는 위기에 처했다. 자본 손실을 보지 않으려면 채권 수익률이 같은 수준에 머물거나 계속해서 하락해야만 한다.

여기에서 우리는 의문을 가져야 한다. 주식시장과 다른 자산의 높은 밸류에이션은 기록적으로 낮은 자본비용 탓으로 돌릴 수 있다고 하더라도, 현재의 금리가 과연 지속될 수 있을까? 주식 가격과 다른 자산의 가격이 비싼 이유가 낮은 채권 수익률 때문이라면, 논리적으로 채권 수익률이 오르면 당연히 주식 가격은 유지되기 어려울 것이다.

채권의 앞날

자산 비용이 극적으로 변화한 이유를 어떻게 설명할 수 있을까? 자산 가격을 현재 수준으로 유지하려면 이러한 추세가 유지되어야 하는데, 과연 그럴 수 있을까? 이 질문에 대한 답으로 몇 년간 여러 의견이 등장했다. 무슨 수를 써서라도 인플레이션을 제거하겠다는 폴 볼커Paul Volcker의 결심은 중앙은행이 인플레이션을 통제할 수 있다는 확신을 전문 투자가들에게 심어주었다.

이와 관련해 지난 30년 동안 전 세계적으로 인플레이션과 미래 성장 기대치를 낮추는 데 도움을 준 요인으로 강력한 디플레이션 추세를 들 수 있다. 세계화, 인구통계학적 요인과 기술의 발전이 장기간에 걸쳐 금리가 낮아지는 데 한몫을 했다.

또한, 시장 금리를 결정하는 데 영향을 미치는 저축과 투자의 관계도 변화하고 있다. 저축량은 넘쳐나는 상황에서 가지고 있는 자본에 비해 투자 기회가 현저하게 적으면 금리가 계속 낮게 유지되는 데 영향을 미칠 수 있다.

이것은 중앙은행 책임자들이 금리가 계속 하락하는 이유를 설명할 때 사용해온 분석이다.* 연준 의장이었던 벤 버냉키Ben Bernanke도 2005년 미국의 경상 수지 적자가 확대되는 이유와 실질 금리가 낮은 수준에 머무르는 이유는 전 세계적으로 저축 과잉 상태global savings glut이기 때문이라고 주장했다.**

마이클 루이스의 책《빅 쇼트The Big Short》***에 생생하게 묘사된 것처럼 신용대출 시장의 과도한 대출로 인해 서브프라임 모기지 사태가 촉발되었다는 설명과는 말이 다르지만, 벤 버냉키는 저축 과잉 역시 세계 금융위기의 근본적인 원인 중 하나라고 생각했다.

이러한 과거가 중요한 이유는 무엇일까? 지난 30여 년 동안의 채권 가격처럼 자산 가격이 새로운 최고점을 향해 달려갈 때 그 현상을 합리화할 방법은 항상 찾을 수 있기 때문이다. 그러나 밸류에이션이 계속 상승하고 과잉의 조짐이 점점 뚜렷해지면 이런 합리

---

* Minneapolisfed.org. 2021. Real Interest Rates over the Long Run | Federal Reserve Bank of Minneapolis. [online] Available at: www.minneapolisfed.org/article/2016/real-interest-rates-over-the-longrun

** Bernanke, B., 2005. Remarks by Governor Ben S. Bernanke, at the Sandridge Lecture, Virginia Association of Economists.

*** Lewis, M., 2010. The Big Short: Inside the Doomsday Machine. New York. W.W. Norton and Company.

화도 점점 어려워진다.

이는 세계 금융위기가 닥치기 전 우리가 이미 경험한 일이다. 당시 명백한 위험 요소들은 외면당했다. '시장'을 따라야 한다거나 시티뱅크 CEO 척 프린스Chuck Prince가 주장했던 것처럼 위험을 감수할 만하다는 주장이 주를 이뤘었다.

"음악이 멈추면 유동성에 복잡한 문제가 생길 것이다. 하지만 음악이 계속되는 이상 일어나서 춤을 춰야만 한다. 우리는 아직 춤을 추고 있다."*

달리 말하면 투자자들은 미래에 대한 합리적인 예측과 위험과 보상 사이의 균형에 대한 냉정한 평가를 바탕으로 행동하지만, 가격의 움직임에도 영향을 받는다는 뜻이다. 상승하는 시장에서 기회를 잡아야만 할 것 같은 유혹을 뿌리치기는 힘들다. 앞으로 채권 수익률이 영원히, 또는 적어도 자신이 투자하는 동안은 계속 하락하리라고 스스로를 설득하기 위해 이제까지 채권 수익률이 계속 떨어져 왔노라고 끊임없이 되뇌는 편이 훨씬 쉬울 것이다.

결국, 지금 우리 눈앞에 이런 과정이 펼쳐지고 있다는 결론에 다다른다. 채권 수익률이 거의 0에 가까운 지금, 하락하는 추세가 계

---

* Nakamoto, M. and Wighton, D., 2007. Citigroup chief stays bullish on buy-outs. Financial Times.

속되기는 힘들 것이다. 하지만 시장에서는 이러한 추세가 절대 뒤집히지 않으리라는 가정과 희망만을 바탕으로 가격이 결정되고 있는 듯하다. 이건 아무리 좋게 생각해도 안일하고, 나쁘게 생각하면 너무도 위험한 기대다.

Chapter 3

위험과 투기

엄청난 규모로 통화 부양책을 시행하고 장기간에 걸쳐 금리를 제한하면 부정적인 결과가 생길 수밖에 없다. 자본의 시장 가격을 고정하려는 전례 없는 시도를 통해 단기적으로 혜택을 보기는 했지만 더 먼 미래에 우리가 어떤 결과를 맞이하게 될지도 생각해야 한다.

잘못된 정책적 대응

정책 담당자들도 위험을 감수할 만하다는 견해를 조장하는 데 공모했다. 이렇게 된 데는 나름의 이유가 있다. 세계 금융위기 직후 금융 시스템은 1930년대와 같은 파란이 닥칠 위험에 처했다. 중앙은행이 채권 시장의 유동성을 유지하고 보장하기 위해 고품질 채권을 사들인 것은 꽤 합리적인 선택이었다.

하지만 정책적 대응이 지속되는 동안 이런 방식이 합리적이라고 방어하기가 점점 어렵게 되었다. 1930년대와는 달리 스무트-할리 관세법(미국이 대공황 초기인 1930년 산업 보호를 위해 제정한 관세법으로, 세계적으로 보호무역이 번지는 데 큰 역할을 했다-옮긴이) 같은 보호주의는 나타나지 않았고, 금본위제를 바탕으로 한 환율에 의해 유동성이 제한되지도 않았다. 은행의 대차대조표는 자본 구성이 개편되어 심지어 더할 나위 없이 좋은 모양새를 유지해왔다. 2008년 이후 시행된 정책들은 금융 부문의 자본구조 재조정recapitalization을 허용했고, 다시는 대공황이 오지 않도록 은행 파산을 막기 위해 부단히 노력했다.

정부에서는 은행 지분을 직접 인수해 파산을 막는 동시에 은행의 준비금을 높이고 부실 대출을 과감하게 대손상각(특정 채권의 회수가 불가능할 때 이 채권을 회계상 손실로 처리하는 것-옮긴이) 처리할 것을 장려했다. 미국 은행을 예시로 살펴보면 이러한 개입이 얼마나 성공적이었는지 확인할 수 있다. [그림 7]에서는 총자산 대비 미국 주요 은행의 위험 기준 지급여력을 확인할 수 있다. 위험 기준 지급여력이란 시장이 심각한 하락세일 때를 대비해 은행이 영업 손실을 메꾸기 위해 보유해야 하는 자본을 뜻한다.

[그림 7]에서 볼 수 있듯 미국 은행의 자본 비율은 2007년 8%에서 14%까지 개선되었다. 하지만 금융위기 직후 체계적 위험에서 벗어난 뒤에도 유동성을 주입하고 주요 금융 기관에 대한 지원을 강화하는 정책적 추세는 반복적으로 시행되었다. 시장의 유동성을 지지하는 정책은 이제 믿고 실행하는 정책 수단이 되었다.

이러한 상황은 오늘날 자산 가격이 극단적으로 상승한 이유를 가장 분명하게 설명해 준다. 자산 가격 상승은 통화 부양책의 결과일 뿐만 아니라 정책 입안자들이 명백하게 의도한 목표다. 예를 들면 영국 중앙은행은 웹사이트에서 양적 완화에 대해 다음과 같이

그림 7 | 은행의 자기자본비율, 미국

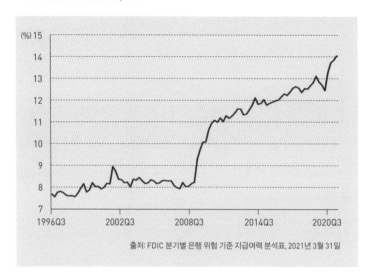

출처: FDIC 분기별 은행 위험 기준 지급여력 분석표, 2021년 3월 31일

의견을 공표했다.

"양적 완화의 목표는 간단하다. '새로운' 자금을 조달해 지출과 투자를 늘리는 것이다. … 하지만 금리를 낮추는 데는 제한이 있다. 그래서 우리는 경기를 부양할 수 있는 다른 정책으로 눈을 돌렸다. 바로 양적 완화다."

"정부 채권을 대량으로 매입하면 해당 채권의 금리 또는 '수익률' 이 낮아진다. 정부 채권은 다른 투자 상품의 금리에도 영향을 미치 므로 대출 금리도 낮아진다."

"그러므로 양적 완화를 통해 가정과 기업체에서 돈을 빌리는 비용을 낮춰 지출을 늘릴 수 있다. 또한, 다양한 금융 자산의 가격을 올려 경기를 부양할 수 있다."*

자산 가격이 중앙은행의 조처를 바탕으로 계속 유지될 것이라는 암묵적인 믿음은 여전히 금융 시장에 계속 남아있다. 2013년 시장 상황이 나아지기 시작했을 때 연준 의장 벤 버냉키는 국회에서 양적 완화의 점진적인 축소 또는 테이퍼링을 도입하려는 의사를 밝혔는데, 시장의 이러한 믿음을 잘 드러내는 사건이 발생했다.

벤 버냉키의 발표 이후 이어진 것은 이른바 '긴축 발작taper tantrum'이었다. 시장은 연준의 지지 철회 의사에 적대적이고 부정적으로 반응했다. 시장에서 급격한 반응을 보이자 중앙은행은 방향을 틀어 다시 자산을 매입하기 시작했다.

이후 8년이 지난 지금도 양적 완화는 계속 실행 중이며, 중앙은행의 지원 규모는 훨씬 높은 수준으로 늘어났다. 세계 금융위기 당시 연준이 지고 있던 부채는 1조 달러였다. 2008년부터 2014년까지 이 숫자는 두 차례나 2배씩 증가했다. 정부 간섭의 규모와 시기를 [그림 8]에서 확인할 수 있다.

---

*　'What is quantitative easing?'[online], Bankofengland.co.uk. Available at: www.bankofengland. co.uk/monetary-policy/quantitativeeasing

그림 8 │ 연방준비위원회의 총자산 규모

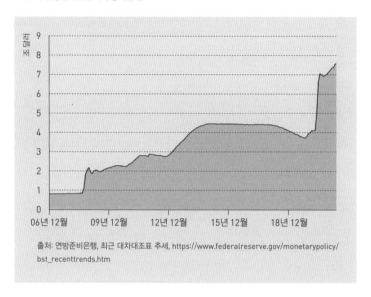

출처: 연방준비은행, 최근 대차대조표 추세, https://www.federalreserve.gov/monetarypolicy/
bst_recenttrends.htm

처음 부채가 2배가 되었던 이유는 세계 금융위기의 충격에서 벗어나 경기가 원활하게 돌아갈 수 있도록 즉각적인 지원을 쏟아부었기 때문이었다. 하지만 두 번째로 부채가 2배 늘어난 이유는 자산 가격이 하락하는 것을 막기 위한 지원 때문이었다는 것 말고는 달리 설명할 길이 없다. 양적 완화가 처음 고안되었을 때는 임시적인 수단이었지만 결론은 그렇지 않았다. 2020년 코로나19 팬데믹에 대해 즉각적인 반응으로 부채는 다시 한번 2배 증가했다.

현재 연준은 이러한 '지원'이 계속될 것을 암시하고 있다. 계속 확장되는 연준의 대차대조표가 이를 증명한다. 우리가 여전히 코로나 19의 영향력 아래에 있기는 하지만, 은행 자기자본비율capital adequacy ratio이 개선되어 대부분 은행의 자본이 과잉 상태가 된 것을 고려하면 목표 자산 가격을 유지하기 위해서라는 설명 외에 양적 완화가 이렇게까지 오랫동안 계속되어야 할 근거를 찾기 힘들다.

계속되는 양적 완화의 근거로 여겨지는 한 가지는 '긴축 발작'이다. 중앙은행에서는 금융 지원을 축소했을 때 일어날 잠재적인 시장 반응, 특히 자산 가격의 급격한 하락이 두려워 쉽사리 행동을 옮기지 못하고 있다. 정치색이 어떻든 거의 모든 정치인과 정당은 시장을 느슨하게 유지해야 한다는 부담을 안고 있다. 채권 시장이 연관된 이상 향후 정책 방향을 변경할 실질적인 동기가 거의 없는 셈이다.

그러므로 채권 투자자들은 지금처럼 기록적으로 낮은 수준의 금리가 실질적으로 얼마나 오랫동안 유지될 수 있는지를 생각해야만 한다. 양적 완화를 시행하면 시장에서 채권과 다른 안전자산을 대량으로 구매하게 되므로 수요와 공급 그래프에 변화가 생기게 된다. 그러나 영국 중앙은행을 예로 들면, 중앙은행에서 이미 발행된 정부 채권의 3분의 1을 소유하고 있으며, 앞으로 사들일 수 있는 채권의 양은 제한적이다.

부정적인 결과

엄청난 규모로 통화 부양책을 시행하고 장기간에 걸쳐 금리를 제한하면 부정적인 결과가 생길 수밖에 없다. 자본의 시장 가격을 고정하려는 전례 없는 시도를 통해 단기적으로 혜택을 보기는 했지만 더 먼 미래에 우리가 어떤 결과를 맞이하게 될지도 생각해야 한다. 신중한 투자자라면 주목해야 할 대목이다.

우선 양적 완화로 금리가 낮게 유지되자 은행에서는 대차대조표가 건전한데도 불구하고 수익을 거둘 만한 새로운 대출을 제공하기가 힘들어졌다. 단기로 빌려 장기로 대출을 갚는 기존 은행의 수익 모델은 금리의 차이를 통해 수익을 내는 구조였다. 하지만 왜곡된 시장에서는 리스크 프로파일risk profile(투자에 내재된 위험 수준-옮긴이)을 늘리지 않는 이상 이런 방식으로 수익을 내기가 힘들다. 세계 금융위기 직전에도 똑같은 상황이 펼쳐진 적이 있다.

또한 정부가 발행하는 부채의 공급이 급증하면서 자금을 조달해

그림 9 | 연방정부 부채

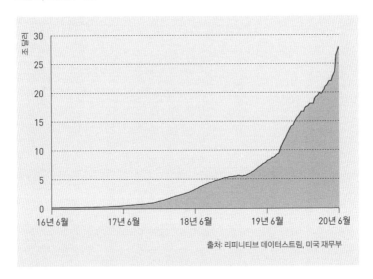

출처: 리피니티브 데이터스트림, 미국 재무부

야 한다는 부담이 중앙은행을 짓누르고 있다. 미국을 예로 들어보자. 팬데믹 이전에도 급격한 상승세를 보이던 연방정부 적자의 미지급액 규모는 팬데믹 이후 더욱더 빠르게 증가했다. 2020년 말까지 미 정부 부채 미지급금은 27조 달러로 2008년 초의 약 9조 5,000억 달러를 훨씬 웃돌았다. [그림 9]에서는 세계 금융위기 이후 급격하게 늘어난 부채를 분명히 확인할 수 있다.

연준의 대차대조표에서 7조 달러가 확장되지 않았다면 늘어난 부채를 조달하기가 훨씬 힘들었을 것이고, 이렇게 금리가 낮은 상황에서는 더더욱 불가능했을 것이다. 바이든 정부는 추가로 재정을 확대하기로 약속했으므로, 공공 부채 부담은 10% 또는 그 이상으로 늘어나게 되었다. 여러 선진국에서도 같은 상황이 펼쳐지고 있다.

영국이 좋은 예다. 영국 정부의 적자를 메꾸기 위해서는 확실히 양적 완화가 필요해 보인다. 역사적으로 영국은 영국 경제의 인플레이션 추세에 대한 해외 투자자들의 반응에 따라 주기적으로 통화 위기를 겪어왔다. 영국의 재정은 어느 정도의 외부 자본을 통해서만 자금을 조달할 수 있었기 때문에 금리는 경쟁력 있게, 인플레이션 전망은 안정적으로 유지해야 했다.

경제 성장을 재정 확대에 의존하고 있을 때 이런 조건이 충족되지 않으면 위험하다. 보험처럼 사용하고 있는 통화 부양책을 통해 자산 시장의 자본을 조달하지 않으면 앞으로 적자를 메꾸는 데 심각한 결과가 초래될 것이다. 〈이코노믹 퍼스펙티브Economic Perspective〉의 피터 워버튼Peter Warburton이 지적했듯 영국 중앙은행은 2020년 10월에 발표한 150억 파운드 규모의 추가적인 양적 완화를 달리 정당화하려는 시도조차 하지 않았다. [그림 10]에서 볼 수 있는 것처럼 영국 중앙은행의 길트채gilt(영국 국채-옮긴이) 매입과 공공 부분 차관 필요액Public Sector Cash Requirements 그래프가 모두 급격히 상승했다.

생각해 보아야 할 다른 부작용도 있다. 영국 중앙은행에서는 자산매입제도APF, Asset Purchase Facility를 통해 길트채를 매입했다. 매입 자금을 조달하기 위해 중앙은행 금고를 추가로 신설했고 현재 길트채에는 0.1%의 기준 금리가 적용된다. 길트채를 통해 실제로 지급될 수익률과 기준 금리의 차이는 순 저축액net saving 기준으로 2021년부터 2022년까지 약 178억 파운드로 추산된다.*

이렇게 저축액이 발생하려면 채권 만기를 효과적으로 줄이고 금리 변화에 대해 더욱 민감하게 반응해야 한다. 숫자를 통해 규모를 비교할 수 있도록 덧붙이면 금리가 1% 높아질 때 부채 금리에 대한 지출은 GDP의 0.8% 늘어난다. 다시 말해, 비용이 얼마인지 확실히 말할 수는 없지만, 중앙은행을 통해 정부의 부채를 조달하려면 꽤 큰 대가를 치러야 한다는 뜻이다.

확장적 재정 정책을 추구하는 국가는 미국과 영국뿐만이 아니다. 재정 확대는 현재 대부분의 경제 시장에서 통용되는 해결책으로써 범국가적 기관인 세계은행, IMF, OECD에서도 마찬가지로 활용된다. 자문가들은 정부의 지출을 통해 성장을 뒷받침하는 데 집중한다. 이런 현상은 모두 GDP 대비 부채 비율이 100%를 초과하는 상

---

* obr.uk. 2021. Debt maturity, quantitative easing and interest rate sensitivity. [online] Available at: obr.uk/box/debt-maturity-quantitative-easing-and- interest-rate-sensitivity

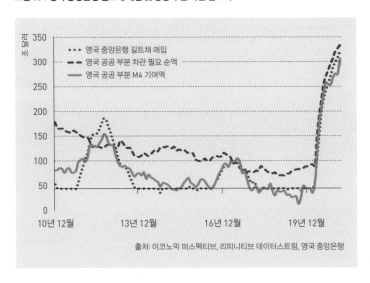

그림 10 | 영국 중앙은행 길트채 매입 및 공공 부문 차관 필요액

출처: 이코노믹 퍼스펙티브, 리피니티브 데이터스트림, 영국 중앙은행

황이 예외가 아닌 일상이 되어버린 상황에서 비롯되었다.

어쩌다 부채가 치솟는 현상이 보편적인 지경이 되었을까? 기존의 통화주의자들은 인플레이션이 통화적인 현상이라고 믿었다. 하지만 우리는 소매 또는 소비자 가격 지수로 측정되던 인플레이션에 대한 기존의 상식이 세계 금융위기 이후 12년 동안 점차 기반을 잃었다는 사실을 알고 있다.

부채와 통화 확장에 대해 우리가 이렇게 낙관적인 이유는 인플레이션이라는 개가 아직 짖지 않았기 때문이다. 워싱턴에 있는 싱

크탱크인 피터슨국제경제연구소Peterson Institute for International Economics의 선임연구원이자 전 국제통화기금 IMF 수석 이코노미스트였던 올리비에 블랑샤르Olivier Blanchard는 '현재 우리 중 누구도 부채에 대해 심각하게 걱정하지 않는다'라고 말하며 이렇게 덧붙였다.* '이제까지와 마찬가지로 대부분의 국가에서 부채율이 100% 이상인 상태가 계속 유지될 것이다. 그렇다고 세상의 종말이 오지는 않는다.'

* Blanchard, O., 2020. August. New York Times.

자산 가격에
도사리는 위험

임금과 소비자 가격 측면에서는 인플레이션이 없었을지 모르지만, 자산 가격은 확실히 상승했다. 안 그래도 낮은 채권 수익률이 계속 하락하면서 해당 채권뿐만 아니라 채권 수익률의 기간구조에 따라 가격이 책정된 다른 모든 자산의 가격이 급격히 올랐다. 투자 분석에 대해 조금만 알아도 이해가 되는 당연한 결과다.

채권 투자자들은 확실히 위험에 처했다. 명목 수익률이 오르면 자본 손실이 발생할 것이다. 금리가 떨어질수록 채권 가격과 프

> **프록시**
>
> Proxy, 대체자산을 뜻한다. 채권 시장에서의 채권 프록시는, 국채 수익률이 너무 낮아지면서 주식시장의 큰 변동성을 감수하고도 안정성을 추구하는 투자자들이 쏠리는 상대적으로 안전한 주식 업종을 뜻한다. 흔히 부동산 리츠 섹터, 에너지·인프라 등의 유틸리티 섹터가 꼽힌다. S&P500 지수 시가총액 중 20~25%가량의 주식을 채권 프록시로 여긴다.

록시는 금리 변화 예측에 더 민감해질 수밖에 없다. 자산 가격 인플레이션은 신기하게도 임금 또는 생산자 가격 인플레이션과 달리 부정적인 뉘앙스를 풍기지 않는다.

자산 가격 인플레이션을 측정하기는 쉽지 않다. 특정 자산의 가치가 높아진 이유를 설명할 방법은 언제나 있기 때문이다. '무위험^{risk-free}' 자산을 예로 들어보자. 미국 정부에서 발행하는 10년 만기 국채는 다른 자산의 가격을 매길 때의 기준이 된다. 그런데 10년 만기 국채의 수익률은 얼마여야 적당할까?

세계 금융위기가 닥치기 전 투자자들이 일반적으로 요구하던 실질 수익률은 1%에서 2% 사이였다. 향후 인플레이션 수준을 대부분의 국가에서 목표로 하는 2% 수준으로 가정하면 명목 수익률이 3~4% 수준이어야 한다는 뜻이다. 현재의 낮은 채권 수익률과 이 수익률의 차이가 인플레이션일까 버블일까? 채권 가격이 하락하면 무슨 일이 일어날까?

IMF에서 말했듯 세상이 끝나지는 않겠지만 자산 가격은 대대적으로 조정될 것이다. 하지만 향후 인플레이션이 더 높은 수준으로 유지되리라고 예측한다면 어떨까? 명목 수익률이 오르고 투자자들도 더 높은 실질 수익률을 요구하게 될 것이다. 이전의 비슷한 상황에서는 늘 이런 양상을 보였다.

이 말은 앞으로 인플레이션이 어떤 수준으로 유지되든 최소한 1~2% 범위로 실질 수익률이 더해져야 한다는 뜻이다. 인플레이션이 2%를 초과한다고 가정하고 계산해 보면 수익률은 최소 3% 이상이어야 하며 향후 인플레이션 수준을 어느 정도로 예상하느냐에 따라 수익률은 3~6%가 되어야 할 수도 있다.

이 경우 채권 가격이 얼마나 영향을 받을지는 쉽게 계산할 수 있다. 10년 만기 국채 수익률이 1.45%에서 3%로 오른다면 다른 조건이 같다고 해도 가격은 13%나 하락한다. 같은 수익률을 30년 만기 장기 국채에 적용하면 가격은 무려 30% 이상 하락한다.

더 나아가 수익률이 6%까지 오르면 자본 가치에 미치는 영향은 더욱더 커진다. 동시에 이런 상황은 실질 수익률이 플러스 영역으로 복귀했을 때 발생하므로, 지수 연동 채권 같은 실물 자산을 소유한 사람들도 엄청난 손실을 보게 될 것이다.

실제로는 수익률 곡선에 따라 가격이 책정된 모든 자산이 영향을 받을 것이다. 예를 들어 회사채, 부동산, 예술 작품이나 클래식 자동차의 가격이다. 이들 자산 가격은 일반 금리의 영향을 받는다. 모든 자산의 가격은 수익률 곡선이 높게 상승할수록 하락할 것이다.

현재 상황에서는 10년 만기 국채 수익률이 지금의 2배인 3% 수준으로 상승하리라는 가정이 터무니없어 보일지 모르지만, 인플레이션에 대한 기대치가 약간만 상승한다면 충분히 달성할 수 있는 수준이다. 이렇게 되면 지출 정책에 자금을 조달하려는 각국 정부는 물론 시장에 적극적으로 참여하는 투자자들은 모두 참담한 결과를 맞이하게 될 것이다.

특히 정책적으로 쉬운 대출이 용인되던 환경에서 점점 더 큰 위험을 감수해온 투자자들은 엄청난 손해를 보게 된다. 자연적으로 정해지는 시장 금리보다 금리가 낮게 유지되고 돈을 빌리기 쉬운 상황이 계속되면 투자자들은 더 많은 빚으로 더 큰 위험을 감수하는 데 박차를 가하게 된다. 금융위기의 씨앗이 대부분 이렇게 심어졌다.

레버리지와
위험 감수

수익률을 억제하는 정책이 10년 이상 이어져 온 지금, 민간 부문의 레버리지와 위험 감수 추세가 자산 가격이 상승하는 데 아직까지 실질적으로 기여하지는 않았다고 볼 수 있다. 사실 과잉의 징조는 자산 가격 자체에서뿐만 아니라 대출 기준이 완화되었던 점, 새로운 투자 수단이나 기회를 찾을 때 조사가 충분히 이루어지지 않는다는 점에서도 찾을 수 있다.

신용대출 시장

신용대출 시장에서는 더 높은 수익률을 찾는 투자자들이 어떻게 더 큰 위험을 감수하게 되는지에 대한 다양한 예시를 찾을 수 있다. 5년 전을 예로 들면 미국에서 B-등급보다 낮은 등급의 레버리지

그림 11 │ 미상환 레버리지론 비율, 미국, S&P 글로벌 기업신용등급

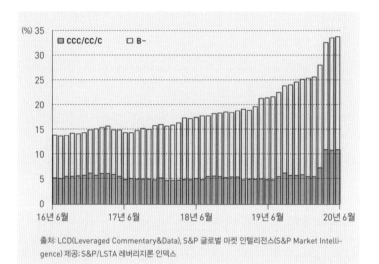

출처: LCD(Leveraged Commentary&Data), S&P 글로벌 마켓 인텔리전스(S&P Market Intelligence) 제공; S&P/LSTA 레버리지론 인덱스

론leveraged loan 비율은 10% 미만이었다.* 현재 이런 등급의 대출은 미상환 부채의 3분의 1을 차지한다. CCC/CC/C 등급 레버리지론으로만 전체의 10%를 차지할 정도다.

미상환 부채의 신용도가 악화된 이유는 기존 대출의 신용등급이 하락하고 부채 건전성이 저하되었기 때문이다. 현재 전체 레버리지론 시장에서 CCC/CC/C 등급 부채가 차지하는 비율은 세계 금

---

* 채권에는 등급이 매겨진다. 가장 높은 등급은 AAA, BBB- 등급 미만으로 분류된 모든 채권은 포괄적으로 '하이일드' 또는 '정크본드'라고 부른다.

그림 12 | CCC/CC/C 등급 레버리지론 발행자 점유율, 미국

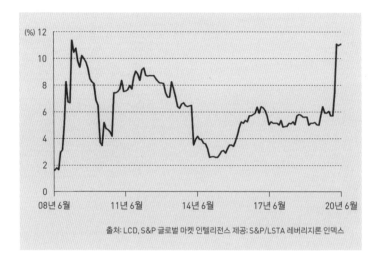

출처: LCD, S&P 글로벌 마켓 인텔리전스 제공: S&P/LSTA 레버리지론 인덱스

융위기 직후 수준으로 돌아갔다.

발행되는 부채의 품질에 관한 이야기로 돌아가면, 약식대출채권 covenant light loan(위험을 통제하기 위한 일반적인 보호 장치가 없는 대출. 기업은 자금조달 조건이 상대적으로 느슨하고 투자자는 투자자 보호를 포기하는 대신 상대적으로 높은 수익을 기대한다-옮긴이)이 증가하고 있다는 점은 주목할 만하다. 세계 금융위기 당시 20% 미만이었던 비율이 현재 80% 이상이 되었다(그림 13).

커버넌트covenant(돈을 주겠다는 약속 또는 조건-옮긴이)가 없을 뿐만 아니라 상환율이 점점 낮아지면서 신용은 약해지고 있다. 이를 확

그림 13 | 레버리지론: 미상환 약식대출채권 비율, 미국

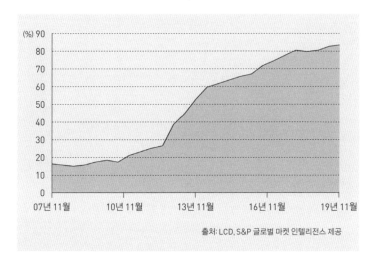

출처: LCD, S&P 글로벌 마켓 인텔리전스 제공

인하기 위해 공통으로 사용할 수 있는 지표는 이자, 세금, 감가상각 및 부채 상환 전 소득에 대한 부채의 비율이다. 채무불이행 상태에 빠지지 않으려면 유용할 수 있는 현금 흐름이 충분해야 하며, 현금 흐름 대비 부채 비율이 높을수록 위험은 커진다.

옆의 [그림 14]를 살펴보면 대출 기관에서 점점 더 낮은 현금 흐름을 감수하게 되었다는 사실을 알 수 있다. 현금 흐름의 질 역시 정직하지 못하다. EBITDA를 산출하면서 꼼수를 부려 수치를 임의로 조정하는 대출 기관이 많아졌기 때문이다. 대출 기관의 이런 행태는 규제 당국에서 놓치지 않고 살피는 위험 신호다.

그림 14 │ 대형 기관 레버리지론 규모 분포, 차입금 대비 EBITDA 비율

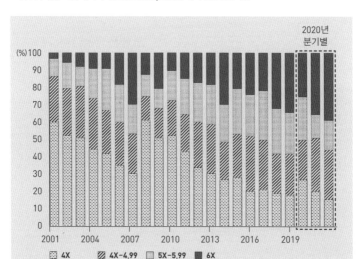

출처: S&P 글로벌, LCD

영국 은행에서 2018년 11월에 발행한 〈금융 안정 보고서〉에는 다음과 같은 구절이 있다.

"레버리지론 인수 기준이 약해지고 범위와 규모가 확대되는 최근의 추세는 금융위기 이전의 미국 서브프라임 모기지 시장의 상황과 유사하다."

[그림 15]는 공식적인 레버리지와 실제 레버리지의 추정치를 보여주는 그래프다. 추세를 보면 조사 당시보다 현재 상황이 덜 심각할 가능성은 전혀 없어 보인다.

그림 15 │ 세계 및 영국 신규 레버리지론 발행 기관에서 발행한 레버리지 평균

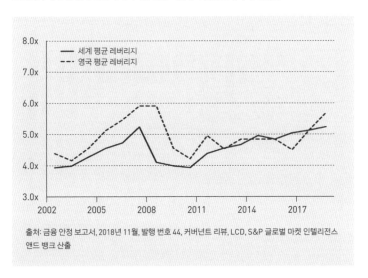

출처: 금융 안정 보고서, 2018년 11월, 발행 번호 44, 커버넌트 리뷰, LCD, S&P 글로벌 마켓 인텔리전스 앤드 뱅크 산출

양적 완화 정책은 금융 시장을 안정시키고 투자자들이 위험을 감수할 수 있는 환경을 조성하기 위해 사용되었지만, 결국 위험에 대한 내성을 정상적이고 건전한 수준보다 훨씬 높이고 말았다는 결론을 얻을 수 있다. 위험이 증가했다는 사실은 데이터를 통해 확실히 증명된다. 수익률이 기록적으로 낮고, EBITDA 자금 조달 비율은 세계 금융위기 이전보다 높으며 약식대출채권은 전체 레버리지론에서 큰 비중을 차지한다.

사채와 사모펀드의 밸류에이션은 환경 변화에 느리게 반응할 수

있다. 앞서 본 것처럼 밸류에이션 지표가 변질되었다는 사실을 고려하면 지속적인 침체가 계속되고 나서야 채무시장의 문제가 완전히 드러날 가능성이 크다. 물론 은행의 상황은 확실히 세계 금융위기 전보다 낫지만, 우리는 은행뿐만 아니라 비은행 채무시장에서도 레버리지나 불량 대출이 이루어져 왔다는 사실을 안다.

앞서 이야기했듯 주식시장은 이미 경기조정주가수익비율이 평균으로부터 3표준편차 높은 범위에 거의 도달했다. 어떤 주식들은 평균 수준으로 돌아가려면 몇십 년 동안 계속 성장을 거듭해야 할 만큼 주가 승수(기업의 주가와 평가 지표를 비율로 나타낸 수-옮긴이)가 높아지기도 했다.

수익률이 억제되고 위험이 늘어났다는 것만으로 증거가 부족하다면 투자 시장 전체에서도 비슷한 거품을 볼 수 있다. 이제까지 우리는 약식대출채권과 같은 고위험 채권이 점점 더 많이 발행되고 있으며 주요 경제 시장의 정부 채권 수익률이 낮다는 데 주목했다. 이러한 수익률의 파급 효과는 부채 발행주체들에게까지 퍼지게 되었다. 그리고 이들은 이제까지 투자자들의 주의를 필요로 하던 채권의 발행인들이다.

그림 16 | 아르헨티나 주식 및 채권

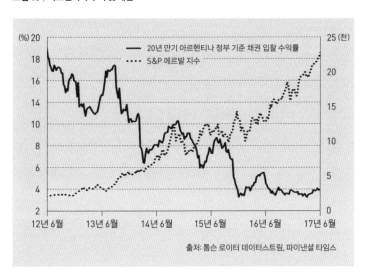

출처: 톰슨 로이터 데이터스트림, 파이낸셜 타임스

정부 채권

상습적인 채무불이행

2017년, 아르헨티나는 국채 시장에 복귀해 160억 달러라는 기록적인 수치의 자금을 조달했다. 투자자들은 아르헨티나가 과거 여덟 번이나 채무불이행 사태를 겪었었다는 사실을 기억에서 털어버렸고, 개혁적이고 시장 친화적인 마크리Macri 정부의 정책에 힘입어 아르헨티나 정부 채권을 사들였다.

투자자들은 더 많은 공급을 찾기 위해 아르헨티나와 같은 위험한 채권 발행인에게 접근할 정도로 열정적이었다. 이렇게 투자자들이 긍정적인 반응을 보이자 100년 만기 채권이 발행되어 팔렸다. 이런 무모할 정도로 긍정적인 관점이 탄생하는 데는 5년간 호황을 누리고 있었던 국채 및 주식시장이 톡톡히 한몫을 했다.

언론에서는 늘 그렇듯 숨 막히는 열정과 회의론에 관해 이야기했다. '이번에는 다를 것'이라 믿은 투자자들은 '다음 100년은 지난 세기와는 아주 다를 것'이라거나, 가까운 미래에 '큰 반전은 없다'는 데 자산을 걸었다.* 이 인용구들이 실린 같은 기사에서는 투자자들의 이러한 태도를 '이번에는 상황이 다르게 흘러가리라는 데 거는 위험한 베팅'이라고 명쾌하게 지적했다.

〈파이낸셜 타임스〉 기자들이 선견지명이 있었던 것일까. 3년이 채 지나지 않아 100년 만기 국채는 단돈 26센트에 거래되었고, 신문에는 '아르헨티나, 9번째 국가 부도 위기'**라는 기사가 실렸다.

---

* Mander, B. and Wrigglesworth, R., 2017. How did Argentina pull offa 100-year bond sale?. Financial Times. [online] Available at: https://www.ft.com/content/5ac33abc-551b-11e7-9fed-c19e2700005f

** Mander, B. and Smith, C., 2020. Argentina heads for ninth sovereign debt default. Financial Times. [online] Available at: https://www.ft.com/content/2fab03a5-ed35-489e-8f24-980c488d1ec6

그림 17 | 그리스 국채 마이너스 수익률

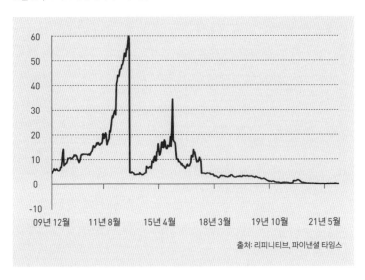

출처: 리피니티브, 파이낸셜 타임스

선물을 가져오는 그리스인을 조심하라

이것은 비단 아르헨티나만의 문제가 아니다. 채무불이행의 위험을 품은 국가가 꽤 많다. 그리스도 그런 국가 중 하나다. 그리스 경제의 재정 상황은 불안정하고, GDP 대비 부채 비율은 200%를 훨씬 웃돈다. 개혁이 단행되었고, 최근 BB-였던 S&P 국가 신용 등급이 BB로 상향조정되었다. 개선이 되기는 했지만 이 등급은 여전히 '상당히 투기적인 특성'이 있는 부채를 나타낸다.

투자자들은 이러한 정부의 채권에서 수익률을 얼마나 요구해야 하는지 의문을 가져야 한다. 정답은 요구할 수익률이 '없다'이다. 유럽 중앙은행이 앞으로도 수익률을 강제로 낮게 유지할 것이라는 관점을 반영해 그리스의 5년 만기 국채의 수익률은 마이너스가 되었다. 어느 투자자는 다음과 같이 이야기하기도 했다. "경제 원칙을 바탕으로 국채 스프레드를 예측하기는 힘들다. 가격이 그런 식으로 책정되지 않기 때문이다."*

장단기 채권 수익률 차이는 계속해서 줄어들었고 고위험 채권이나 역사적으로 위험성이 널리 입증되었으며 의심할 여지 없이 경제 상황이 매우 취약한 국가의 채권에 붙는 쏠쏠한 리스크 프리미엄을 누릴 수 있으리라는 근거도 없다. 하지만 투자자들은 중앙은행이 계속해서 뒤를 봐주리라는, 밸류에이션이라는 기준을 무색하게 만드는 믿음을 바탕으로 행동하고 있다.

---

* Stubbington, T., 2021, Greek 5-year bond yield turns negative for first time. Financial Times. [online] Available at: https://www.ft.com/content/db66bcb9-65d0-4671-a77f-928b88490fa2

밈 주식

모멘텀 투자는 가격을 결정하는 트렌드가 확실한 주식을 매수(또는 매도)하는 것이다. 데이트레이딩 소매 투자자부터 수준 높은 알고리즘으로 구성된 헤지펀드까지 모두 모멘텀 트레이딩을 할 수 있다. 이 방식에서는 원칙적인 밸류에이션을 따르는 대신 가격 신호에 따라 거래하는데, 가격이 급격히 오를 때 매수하고 반대의 상황에 매도하는 식이다.

투자 용어로 '가장 빠른 양 되기being the fastest sheep' 게임이라고 부르는 이 방식에서는 가격이 하락하기 전에 익절매할 방법을 찾는다. 이와 다른 방식으로 '염소' 방식이 있는데, 이는 시장 대세를 따르기보다 가치 있는 주식을 찾은 뒤 시장의 주목을 받을 때까지 보유하는 전략이다.

1841년 찰스 맥케이Charles Mackay는《대중의 미망과 광기Extraordinary

Popular Delusion and the Madness of Crowds*라는 오래된 명작에서 십자군 전쟁부터 연금술사, 마녀사냥, 주식시장 버블에 이르는 집단 비합리성의 예시를 탐구했다. 그의 저작은 정상적인 상황이라면 비합리적으로 여겨져 절대 일어나지 않았을 결과가 집단사고(또는 '양 떼')에 의해 탄생하는 배경을 설명한다.

이는 앞서 언급했던 관점을 다시 한번 설명해 준다. 합리적인 가격 수준이 어느 정도인지에 대한 논리적인 근거를 추론하려면 먼저 자산 가격이 비합리적인 원인을 찾아야 한다는 뜻이다.

현대 사회에서 소셜 미디어는 대중적으로 엄청난 착각을 불러일으켜 대중의 광기를 부추기기 위해 만들어진 것처럼 보인다. 이런 배경은 최신 유행을 따라 하기 위해 애쓰는 이들을 바탕으로 자산 가격을 요동치게 만드는 소셜 미디어의 힘과 잠재력을 알아본 시장 참여자들에게는 결코 손해가 아니다.

이런 맥락에서 사용자 주도 뉴스 집적 웹사이트인 레딧Reddit을 주목할 만하다. 사용자들이 일으킨 충분한 관심을 바탕으로 특정 주식의 가격이 극적으로 변하는 '레딧 밈 주식'의 예시는 다양하게 찾아볼 수 있다. 이러한 흐름에 구체적인 지원이 더해지면 매우 폭

---

* Mackay, C., 1850. Extraordinary Popular Delusions and the Madness of Crowds. Philadelphia: Lindsay and Blakiston.

발적인 결과를 낳기도 한다.

가장 중요한 가격 변화 요인은 주식의 유동성이다. 주식의 유동성이 적을수록 매수가 일어났을 때 가격 변동 폭이 커진다. 가장 유동성이 적은 주식은 공매도 포지션을 취하려는 이들이 많은 주식이다. 공매도하려면 보유한 사람으로부터 주식을 빌려야 하기 때문이다. 결국 마진콜이 발동되는 경우도 많은데, 가격이 예상과 반대로 변할 경우 담보를 늘려야 한다는 뜻이다.

공매도shorting(1800년대 언어로 하면 '플런징'plunging, 하락, 큰 투기라는 뜻이 있다–옮긴이)의 역사는 오래전으로 거슬러 올라간다. 공매도는 대부분 짧은 시간 동안만 운영된다. 그럼에도 투자자들의 자세하고 광범위한 분석을 통해 기업의 사기, 불법행위, 사업이 실패할 수밖에 없는 이유가 밝혀지는 경우가 있다. 하지만 상장 기업들의 경영진은 주주들에게 그러한 사실을 숨기고자 하고, 공매도 투자자들은 시장에 이러한 기업을 알릴 방법을 찾는다.

당연히 기업의 불법행위를 폭로하는 공매도 투자자들은 이들이 폭로하려는 잘못된 행동(진실이든 오해든)을 저지른 이들로부터 그다지 환영받지 못한다. 시장 참여자 중 아주 작은 부분을 차지하기는 하지만 이러한 공매도 투자자들은 사려 깊고 꼼꼼하며 인내심 많은 이들이다. 좀 더 비열한 이들도 존재한다. 나쁜 소문이나 헛된

희망을 퍼뜨려 시장의 반응을 끌어내는 공매도 투자자들이다. 정통으로 펀치를 얻어맞은 기업들은 당연히 사려 깊고 꼼꼼하며 인내심 많은 공매도 투자자들까지도 나쁜 소문에 돈을 거는 투자자로 몰아간다.

이런 대립은 전혀 새롭지 않다. 역사를 돌아보면 비열한 주동자들을 어렵지 않게 찾을 수 있다. 가장 흥미로운 예시는 한때 파트너 관계였던 헨리 스미스와 '강도 남작' 제이 굴드의 일화다. 제이 굴드 남작 때문에 쇼트 스퀴즈 (쇼트 포지션을 커버하거나

> **강도 남작**
>
> '강도 남작(Robber Baron)'은 남북전쟁 (1861~1865)을 기점으로 강도처럼 탐욕스럽고 부당한 방법을 이용하여 부를 축적한 억만장자들을 부르던 명칭이다. 대표적인 인물로 제이 굴드, 코닐리어스 밴더빌트, 대니얼 드루 등이 꼽힌다. 제이 굴드(Jay Gould, 1836~1892)는 특히 악덕 자본가로 손꼽혔으며 '예수가 태어난 이후 최악의 인간'이라는 평을 받을 정도로 잔혹한 인물이었다. 강도 남작들의 행태를 가장 잘 보여주는 사건은 올버니-서스쿼해너 철도회사를 빼앗기 위해 제이 굴드와 조지프 램지가 폭력을 동원해 부딪힌 1869년 8월의 일이다. 양측은 수백 명의 폭력배를 동원해 열차에 싣고 쳐들어갔고, 서로 마주 달린 열차는 충돌해 전복됐다. 이 사건으로 10여 명이 죽고 수백 명이 부상을 입었다. 이 분쟁에 당대의 금융 거물 존 피어폰트 모건(John Pierpont Morgan)이 개입해 램지의 손을 들어줬다. 이 사건으로 J.P. 모건은 철도회사를 하나하나 장악해나갔다.

그림 18 | 게임 스탑의 사례

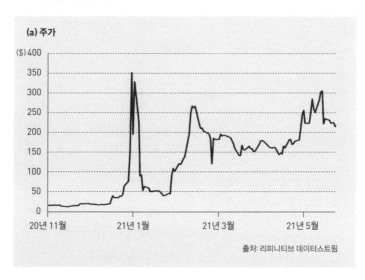

(a) 주가

출처: 리피니티브 데이터스트림

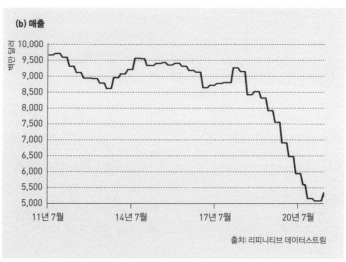

(b) 매출

출처: 리피니티브 데이터스트림

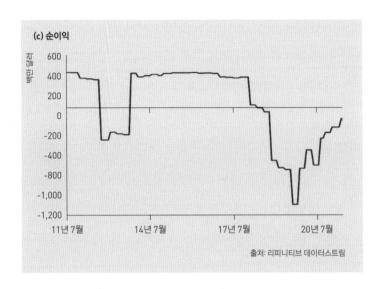

(c) 순이익

백만 달러

600	
400	
200	
0	
-200	
-400	
-800	
-1,000	
-1,200	

11년 7월　　　14년 7월　　　17년 7월　　　20년 7월

출처: 리피니티브 데이터스트림

손실을 예방하기 위해서 상품이나 주식을 살 수밖에 없는 상황–옮긴이)가 발생하자, 둘 사이에 당시 다음과 같은 대화가 오갔다고 한다.

'헨리는 붉으락푸르락한 얼굴로 굴드 남작의 얼굴에 삿대질하며 외쳤다. '나리께서 원숭이를 데리고 길거리를 전전하면서 아코디언 연주로 먹고사는 모습을 죽기 전에 반드시 보고 말 것입니다.' '헨리, 그렇게 될 사람은 아마 자네일 걸세. 헨리 자네 말이야.' 굴드는 나지막이 덧붙였다. '원숭이를 사면 꼭 자네에게 보내주지.'*

---

*　Nairn, A., 2018. Engines That Move Markets: Technology Investing fromRailroads to the Internet and Beyond. 8th ed. Petersfield: Harriman House.

강도 남작의 시대와는 상황이 많이 달라졌지만, 인간의 본성은 여전히 변함이 없다. 지금처럼 자본 비용이 거의 없다시피 한 상황에서 레버리지로 뒷받침된 위험성 짙은 투자가 만연하리라는 것은 충분히 예상할 수 있다. 현대의 환경에서는 특히 위험한데, 투기 심리를 증폭시키는 막강한 힘을 쥔 소셜 미디어가 존재하며, 필요한 자금을 마련하는 데 드든 비용이 매우 낮은 데다 수년간 이득을 봐온 탓에 위험에 대한 경각심마저 점점 없어지고 있기 때문이다.

이뿐만이 아니다. 소셜 미디어라는 거품 낀 시장도 공매도를 위험에 빠뜨릴 수 있다. 뉴스 머리기사를 장식했던 최근 예시를 떠올려보자. 게임 스탑Game Stop 코퍼레이션은 게임 및 PC 엔터테인먼트 상점을 운영하던 회사였다. 소매점에서 상품을 구매하는 대신 온라인에서 구매하고 직접 다운로드하는 사람들이 늘어나면서 게임 스탑 같은 기업 여럿이 문을 닫았다.

게임 스탑 역시 비슷한 과정을 겪으면서 매출이 줄고 이윤이 거의 남지 않게 되었다. 기업의 하락세가 멈추지 않는다면 기업 가치가 점점 낮아지리라 생각한 공매도 투자자들에게는 매력적인 상황이 되었다. 이런 의견이 많아지자 결국 공매 물량이 유동 주식free float을 초과하는 사태에 이르렀다.

하지만 예측과 반대로 주가가 오르자 시장은 패닉에 빠졌다. 이러한 주가의 움직임이 소셜 미디어에서부터 시작되지 않았을 수는 있지만 소셜 미디어가 이런 흐름을 부추긴 것만은 확실하다. 쇼트 스퀴즈에 몰린 공매도 투자자들은 자신의 포지션을 커버하기 위해 허겁지겁 게임 스탑 주식을 매수했다.

주가는 계속해서 솟구쳤고, 유튜브 시청자부터 레딧 사용자까지 소셜 미

> ### 게임스탑 쇼크
>
> '로빈후드'라 불리는 미국 개인투자자들이 헤지펀드들의 공매도 투자를 비난하며 2021년 1월 20일 비디오게임 유통업체인 게임스탑의 주식을 집중 매수한 사건이다. 이후 1월 27일까지 게임스탑의 주가가 134.8% 급등하면서 큰 손실을 입은 헤지펀드들이 공매도를 포기하기도 했다. 헤지펀드들이 마진콜(손실이 커져 추가증거금을 내야 하는 것)에 내몰리고 공매도 물량을 갚기 위해 보유하고 있는 회사주식을 매도함에 따라 미국 금융시장을 요동치게 만들었다.

디어 계정이 있는 사람들은 모두 달리는 마차에 올라타듯 대세에 뛰어들었다. 20달러 미만이었던 주가는 최고 350달러를 찍더니 정상으로 돌아오는 듯하다가 다시 오르기 시작했다.

게임 스탑 사태는 짧은 시간 동안 극적으로 주가를 변하게 하고 그러한 흐름을 널리 퍼뜨릴 수 있는 소셜 미디어의 힘을 배울 수 있는 사건이었다. 덕분에 게임 스탑은 몇 달 전까지는 생각조차 할 수

없었던 수준의 주가를 달성할 기회를 얻었다.

　게임 스탑 사태가 증명해 보인 소셜 미디어의 힘은 종종 다른 주식에서도 찾아볼 수 있다. 시장의 힘에 대한 이러한 환상은 투자자들에게 무모한 용기를 주며, 완전히 빈털터리가 되어 포악한 충동에 찬물이 끼얹어질 때까지 계속된다.

기업인수목적회사

특정한 투자자 그룹을 위해 위험에 비해 훌륭한 수익을 약속하는 투자를 구성한다면 기업 인수라는 특수목적을 위한 수단인 '기업인수목적회사Special Purpose Acquisition Companies, SPACs'와 비슷한 형태가 될 것이다. 최근 2년 동안 기업인수목적회사의 수가 급증했다.

얼핏 보기에 괜찮은 방법처럼 보인다. 투자자 그룹은 새로운 기업인수목적회사를 세울 자금을 모으기 위해 기업 공개IPO를 한다. 기업이 상장되고 나면 기업인수목적회사를 주도한 스폰서는 인수할 비상장 기업을 찾아 나서는데, 기업 공개를 원하는 인수 대상 기업은 직접 기업 공개를 할 때보다 절차를 대폭 줄일 수 있는 장점이 있다.

실질적으로 기업인수목적회사는 초기 투자자와 스폰서들에게 유리하게 설계되어있으며, 인수 대상 기업과 훗날 해당 기업의 주식을 매수하는 투자자들에게는 불리한 조건을 가지고 있다. 즉, 초기 투자자들에게는 위험이 적지만 다른 사람들에게는 훨씬 위험이 큰 상황, 시장 용어로는 '비대칭적' 위험이 따르게 되는 것이다. 인큐베이터 자금을 통해 우후죽순으로 기업이 상장되었던 닷컴 호황기 때를 떠올리게 하는 흐름이다. 당시에도 불공평한 조건으로 기업 상장을 기획했던 이들에게 자금을 댔던 투자자들 거의 모두가 돈을 잃었다.

스폰서측은 인수 합병을 합의한 후 기업인수목적회사의 주식을 추가로 획득할 수 있어 이득을 본다. 신주는 '프로모트promote'라고 불리는 명목 가격으로 발행되며, 일반적으로 공개 후 기업 자기자본의 20%에 해당한다. 스폰서는 주식을 통해서도 수익을 얻지만, 기업 공개 시 발행되는 '워런트(일정 기한이 지난 후 보통주를 살 수 있는 권리-옮긴이)'도 받을 수 있다. 일반적으로 스폰서는 2년 안에 인수 또는 합병을 마친다.

기업인수목적회사에서 중요한 요소가 하나 더 있다. 초기 주주들은 기업 인수에 성공하고 나면 자신들의 지분을 팔아 현금을 획득할 권리를 가지는데, 이 자본은 통상 상장 지분 사모투자PIPE, Private Investment in Public Equity를 통해 새로운 자금으로 대체되어야 한다. 이렇게 되면 남아있는 주주들에게는 추가적인 희석화(신주가 발행되어 기존 주주의 지분 비율이 낮아짐-옮긴이)가 발생한다.

그림 19 | 기업인수목적회사 자금 조달

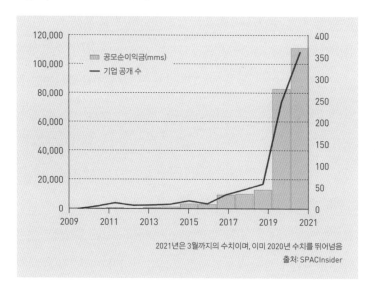

120,000 400
공모순이익금(mms)
기업 공개 수

2021년은 3월까지의 수치이며, 이미 2020년 수치를 뛰어넘음
출처: SPACInsider

 따라서 유리한 조건으로 투자할 수 있으면서 일찍 손을 털고 빠질 수 있는 초기 스폰서 및 IPO 투자자들에게 기업인수목적회사는 엄청나게 매력적이다. 이런 투자 방식은 예전부터 존재했다. 사우스 시 버블South Sea Bubble(18세기 초 영국 남해회사의 주가를 대상으로 발생했던 투기 사건-옮긴이)을 비롯해 1929년 주식시장 붕괴 전에도 비슷한 종류의 묻지마 투자 수단이 성행한 적이 있었다. 그런데 최근 2년 새 이러한 투자 방식이 급증하고 있다.

 기업인수목적회사들은 2020년에는 830억 달러, 2021년 3월까지는 970억 달러 이상을 조달했다(출처: SPAC Insider). 이 속도가 유지된다면 연 조달액이 3,200억 달러가 넘게 될 것이다. 그 정도 액수가 될 때까지 상승세가 유지되지는 않겠지만 폭발적으로 성장할 잠재력은 분명히 확인할 수 있다. 더 자세히 알아보고 싶다면 유럽 기업지배구조연구소European Corporate Governance Institute Working의 조사 보고서 넘버 746/2021에서 기업인수목적회사 스폰서와 후발 투자자들의 수익에 관한 연구를 확인해보자.

이렇게 불리한 조건을 받아들이는 투자자들은 높은 위험을 감수할 의향이 있다는 뜻이다. 기업인수목적회사 현상은 밸류에이션과 위험에 대한 인식이 시장이 꾸준히 상승하리라는 믿음을 이기지 못한다는 사실을 보여준다. 기업인수목적회사와의 인수 또는 합병에 동의하는 기업들 역시 마찬가지다. 이들은 기업을 매각하거나 스스로 기업을 공개하는 기존의 방식을 통한 결과보다 엄청나게 희석된 지분이라도 기업인수목적회사를 통해 자금을 조달하는 쪽이 이득이라고 믿는다.

암호화폐

비트코인Bitcoin이나 이더리움Ethereum 같은 암호화폐가 지난 10년간 투자 대상으로 크게 주목을 받고 있다. 전례 없는 규모로 정부의 개입이 이루어지고 있는 기존 화폐에 대한 불신이 커지면서 중앙은행이 만들어 낸 넘쳐나는 유동성에 힘입어 투기적인 투자가 증가하고 있다는 사실을 아주 잘 보여준다고 할 수 있다.

화폐는 몇 세기 동안 다양한 형태로 존재해왔다. 화폐가 금이나 다른 물리적 상품으로 뒷받침되던 시기는 금본위제와 그에 따른 경제 대공황으로 끝이 났다. 그 이후로 통화 체계는 '명목fiat' 화폐 시스템이라고 불리는 체계를 갖추게 되었다. 이 체계에서 통화는 어떤 물리적 상품에 의해서도 뒷받침되지 않으며 국가의 감독권에 의해서만 관리 및 보증된다.

일반적으로 국가의 중앙은행에서 이런 일을 맡는다. 중앙은행은 대부분 정부로부터 독립성을 가지고 운영된다. 특정 통화에 대한 신뢰도는 해당 통화를 운영하는 정부와 그 나라의 경제가 얼마나 탄탄한지에 따라 결정된다. 이를 잘 아는 각국 정부에서는 경제 관리 능력과 중앙은행의 운영에 대한 시장의 신뢰를 유지할 방법을 끊임없이 찾는다. 투자자들은 절대적으로 해당 정부의 투명성과 능력에 의존해 투자 여부를 판단한다.

중앙은행은 경제를 안정시키기 위해 분명한 인플레이션 목표를 설정해 통화 상태를 관리해야 한다. 암호화폐는 기원과 목적이 기존 화폐와 완전히 다르다. 사토시 나카모토(아직도 정체가 밝혀지지 않은 디지털 화폐의 창시자가 사용한 가명)라는 비트코인 창시자의 말을 빌리면 암호화폐는 다음과 같다.

"완전히 개인들끼리의 합의로 이루어지는 전자 화폐 시스템을 통해 … 금융 기관을 거치지 않고도 당사자끼리 온라인 결제를 할 수 있으며 … 네트워크는 끊임없이 생산되는 해시 기반 작업 증명 체인에 해싱해 거래 타임스탬프를 찍고 … 가장 긴 체인은 거래의 순서를 증명할 뿐만 아니라 가장 거대한 CPU 전원 풀에서 생산되었다는 것 역시 증명한다."*

비트코인은 기존 화폐처럼 특정 국가의 통화 당국에서 종이에

---

*   Nakamoto, S., 2008. Bitcoin: A Peer-to-Peer Electronic Cash System. [ebook]Available at: https://bitcoin.org/bitcoin.pdf? [Accessed 15 June 2021].

그림 20 | 비트코인 종장 시세

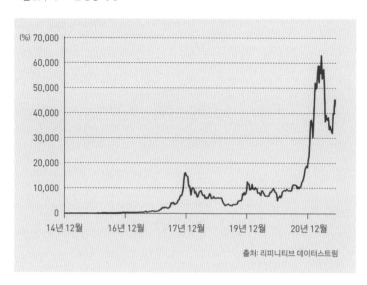

출처: 리피니티브 데이터스트림

찍어내는 형태가 아니라 '채굴자'라는 민간 에이전트에 의해 생산된다. 채굴자들은 비트코인 사용자들이 서로 비트코인을 보내거나 받을 때 네트워크상의 거래를 확인하고 업데이트하는 역할을 한다. 프로세스를 검증하는 과정에서 복잡한 수식을 풀려면 고성능 컴퓨팅이 필요하다. 유효한 거래는 공공 로그public log에 기록되며 채굴자들은 새로운 비트코인을 발행하여 이 작업에 대한 대가를 받는다.

공공 로그는 '분산원장distributed ledger'이라고 부르며 거래들은 블록으로 묶인다. 블록이 업데이트되면 원장의 마지막에 추가된다. 업데이트된 블록은 이전 블록에 대한 참조를 포함한다. '블록체인'이라는 용어는 여기에서 나온 것이다. 부정행위를 하려면 모든 채굴자가 가지고 있는 컴퓨터의 성능을 합친 것보다 성능이 좋은 컴퓨터 기술이 필요하므로 블록체인을 사용하면 시스템 안에서 부정행위를 저지르기가 매우 어려워진다. 체인이 확장될수록 '작업 증명' 단계에서 필요한 처리 능력 또한 커지게 되었고, 프로세스를 처리하는 데 드는 에너지가 환경에 미치는 영향을 우려하는 사람들이 늘어났다.

화폐의 공급량이 어느 정도 증가할지는 블록체인을 검증하는 채굴자들에게 주어지는 인센티브에 의해 결정된다. 소스 코드에서 제한하는 비트코인의 총 공급량은 2,100만 개다(그렇다고 알려져 있다). 다른 암호화폐에서의 공급 제한은 거의 없거나 아예 존재하지 않는다. 간단한 약관 외에는 투자자를 보호할 수 있는 국가적 또는 범국가적인 법률 장치는 존재하지 않는다. 다시 말하면 매수자가 모든 위험을 부담caveat emptor하는 셈이다.

비트코인과 같은 암호화폐가 급성장한 이유 중 하나는 시장 전반에 깔린 거품과 통화 가치 저하에 대한 두려움 때문이다. 암호화폐는 투기적 투자자들은 물론 가치가 떨어질 수 있는 기존 통화에 대해 대비책을 마련하려는 위험 회피형 투자자들 모두에게 매력적이었기에 수요가 급증했다. 두 투자자 집단 중 어느 쪽도 금융 체계의 근본적인 안정성을 굳건히 신뢰하지 않는다는 뜻이다.

NFT

어떻게 보면 NFT _{Non-Fungible Tokens}('대체 불가능 토큰'-옮긴이)도 암호화폐의 연장선에 있다고 할 수 있다. NFT 역시 통상적인 화폐의 형태가 아닌 블록체인 방식이 적용된 고유한 형태의 디지털 자산이다. 자산으로 사고팔 수도 있지만 물리적인 형태를 갖추고 있지는 않다. 이런 의미에서, 디지털 파일은 아주 쉽게 복제될 수 있으므로 예술 작품의 원작을 소유하는 방식과는 다르다.

NFT로 거래되는 자산에는 제한이 없다. 트위터 _{Twitter}의 창립자인 잭 도시 _{Jack Dorsey}가 올린 첫 번째 게시물이 250만 달러의 가치가 있다고 추정되기도 하고, 날아다니는 고양이 팝아트 그림이 60만 달러에 팔리기도 했다. 이러한 자산들은 판매가 되었더라도 여전히 온라인으로 배포될 수 있다.* 창작자가 저작권을 가지고 있는

---

* www.nytimes.com. 2021. 'Why an Animated Flying Cat With a Pop-Tart Body Sold for Almost $600,000.

경우도 많다. 이러한 작품들이 대부분 암호화폐로 거래된다는 사실은 이제 그리 놀랍지 않다.

최근 비플Beeple이라는 예명으로 활동하는 마이클 윈켈만Michael Winkelmann이 제작한 예술 NFT는 크리스티가 진행한 경매에서 6,900만 달러에 판매되었다. 이 예술가는 암호화폐를 받은 즉시 미국 달러로 환전하면서 암호화폐 시장에는 '엄청나게 거품이 꼈다'는 의견을 밝혔다.

하늘 아래
새로운 것은 없다

금융 시장이 새로운 최고점을 갱신하기까지의 과정은 과거 악명 높았던 금융위기 때와 매우 닮아있다. 1893년 경제 공황 당시의 상황을 살펴보자.

1893년 공황

1893년 5월에 시작된 금융위기는 아주 잘 알려져 있다.

뚜렷한 전조 증상이 있었던 시기도 있고 동시에 발전한 전조 증상도 있었다. 이를 대략적인 시간 순서에 따라 구분하면 다음과 같다.

1. 특수한 상품의 가격이 먼저 상승했고, 이보다는 정도가 덜하 지만 일반적인 상품들의 가격이 뒤따라 상승했다. 나중에는 개발지와 비개발지를 막론하고 부동산 가격이 상승했다.

2. 기존 기업의 활동이 증가했고, 새로운 기업들이 많이 생겼다. 공장, 용광로, 철로와 선로 등 생산 방식을 개선하고 생산량을 늘리기 위한 기업들이 많이 생기면서 유통되던 화폐가 고정 자산으로 변화하게 되었다.

3. 이자가 약간 높아진 상태에서도 대출 수요가 왕성했다.

4. 노동자의 임금이 상승하거나 높은 수준으로 유지되었다.

5. 민간 및 공공 지출에서 사치품 소비가 증가했다.

6. 정직하지 못한 사업 방식과 어리석은 투자자들이 늘어나면서 투기에 대한 열망이 커졌다.

7. 마지막으로, 할인 대출과 대출이 대폭 확대되면서 금리가 올랐다. 또한 파업이 잦아지고 수요에 따른 노동 인력을 구하기

1893년 공황

1893년에 미국에서 시작된 심각한 경제 불황이다. 시장 과열과 철도 버블이 결합되어 돈을 공급하는 데 문제가 발생했다. 500여 개의 은행이 연쇄 파산했고 15,000개 이상의 회사가 문을 닫았다. 단기금리는 125%까지 치솟았고 금값이 뛰었으며 미국 정부의 태환용 금 준비금이 급감해 국가 재정이 파산 직전까지 내몰렸다. J.P. 모건은행이 정부 공채를 인수하며 6,500만 달러의 금을 미 재무부에 공급함으로써 위기를 넘겼다. 이 위기는 당시까지 미국이 경험한 최악의 경제 불황이 되었다.

어려워지면서 실질 임금이 상승했다.

위에서 언급된 경향은 사실 경제가 바람직하게 성장할 때도 나타나는 징조들이다. 특정한 상품을 생산하기 위한 장비와 생산량이 다른 상품과 비교해 유달리 과하거나, 합법적인 사업 대신 투기가 발전하는 등 과도한 반응이 일어날 때만 재앙의 전조가 된다고 할 수 있다.

위기가 닥치기 전과 경제가 성장하고 있을 때 자산 가격과 경제 활동이 증가하는 양상은 모든 분야에서 똑같이 일어나는 것이 아니라는 사실을 염두에 두어야 한다. 가격이 오르는 현상은 일부 특정 상품에서 먼저 발견되며 나머지 상품에서는 뒤늦게 발견된다. 일반적으로 경제 활동이 증가하고 가격이 오르는 현상은 인간의 의지로 생산이 쉽게 확대되거나 축소될 수 있는 산업재(석탄, 철강, 또는 목재)와 편리함이나 사치품에 대한 새로운 수요를 공급하는 상품에서 가장 두드러지게 나타난다.[*]

---

[*] Burton, T., 1902. Financial Crises and Periods of Industrial and Commercial Depression. New York: D Appleton & Co, chapter 3, pp.51-53.

아케고스 캐피털

이 맥락에서 아케고스 캐피털Archegos Capital의 몰락은 신용 상태가 엄격해졌을 때 어떤 것들이 과잉의 예시가 될 수 있는지 경고한다. 아케고스 캐피털은 줄리언 로버트슨Julian Robertson이 세운 타이거 매니지먼트Tiger Management의 헤지펀드 매니저였던 빌 황이 운영하는 개인 운용사였다. 2012년, 빌 황과 타이거 아시아Tiger Asia는 내부 거래 사기 혐의로 4,400만 달러의 벌금을 물었다. 타사 자금을 관리

> **아케고스 캐피털 사태**
>
> 미국의 사모펀드 아케고스 캐피털이 보유하고 있던 주식 300억 달러(약 3조 원)를 긴급 청산하며 뉴욕 증시뿐만 아니라 아케고스 캐피털에 투자 및 거래를 한 투자은행들이 큰 손실을 입은 사건. 아케고스는 골드만삭스 등 글로벌 투자은행들로부터 레버리지를 일으켜 주식에 투자했는데, 투자한 회사들의 주가가 급락하면서 담보로 쓸 수 있는 증거금을 넣어야 하는 상황(마진콜)이 발생했다. 이에 아케고스는 담보로 걸어둔 주식을 강제 처분하려 했고 이 때문에 해당 회사의 주가는 더욱 급락했다. 일본 투자은행 노무라 홀딩스는 미국 자회사에서 약 20억 달러(2조 2,266억 원) 규모의 잠재 손실이 발생했다고 밝혔으며, 크레딧 스위스도 47억 달러(5조 6,625억 원)의 손실을 보았다. 결국 노무라와 크레딧 스위스 주가는 각각 16%, 13% 폭락하며 하루 만에 시총 8조 원 규모가 사라졌다.

하는 것이 금지된 타이거 아시아는 빌 황의 개인 운용사가 되었다.

2021년 3월 아케고스는 보유하던 주식을 모두 청산해야 했으며 은행에 상당한 손실을 입혔다. 크레딧 스위스Credit Suisse는 47억 달러의 손실을 보았다고 발표했다. 이 사태가 일어나게 된 근본 원인은 아케고스에서 레버리지를 대규모로 끌어다 몇 개 안 되는 기업에 투자했기 때문이었다. 투자한 기업들의 주가가 하락하자 빌 황은 지분을 팔거나 대출받은 은행에 추가담보금을 조달해야 했다. 알려진 바에 의하면 레버리지는 20배에 달했다고 하니 보유 지분을 청산하는 수밖에 없었을 것이다.

여기에서 우리는 은행들이 엄청난 손실을 보았다는 사실 뿐만 아니라 이들이 위험이 불 보듯 뻔한 거래에 자금을 기꺼이 공급했다는 데 주목해야 한다. 치밀한 전략이 있었다면 예상하지 못한 사태가 터져도 문제를 해결할 수 있었을 테지만, 아케고스와 관련된 이들은 모두 미래의 수익에만 심취해 있었던 셈이다.

이런 사태가 다시 일어나지 않으리라고 믿기는 힘들다. 역사를 돌아보면 낮은 금리를 바탕으로 남용된 레버리지는 경제 체제 전반에 걸쳐 고질적인 문제를 남겼다. 앞서 소개한 1893년 공황에 관한 글에는 다음과 같은 구절이 있다.

'정직하지 못한 사업 방식과 어리석은 투자자들에 의해
투기에 대한 열망이 커졌다.'

아케고스 사태는 눈물로 끝나게 될 과도한 투기를 경고하는 수
많은 예시 중 하나일 뿐이다. 최근 한 연구*에 따르면 현재 개인 투
자자의 40%가 레버리지의 도움을 받고 있다고 한다. 이 수치는 개
인 투자자만 조사한 통계이고, 레버리지를 통해 더 큰 수익을 올릴
수 있으리라는 기대가 더 큰 헤지펀드나 패밀리 오피스(고액 자산가
를 대상으로 하는 사적인 투자 자문 회사―옮긴이)는 포함되지 않았다는 데
주목해야 할 것이다.

---

*   Wolff-Mann, E., 2020. 43% of retail investors are trading with leverage: survey. [online] www.
    yahoo.com. Available at: https://finance. yahoo.com/news/43-of-retail-investors-are-trad-
    ing-with-leveragesurvey-172744302.html [Accessed 9 September 2020].

Chapter 4

왜 변화해야
하는가

시장에서 뭔가가 잘못되고 있다는 징조가 보일 때, 사람들은 '새로운 패러다임' 또는 존 템플턴이 가장 좋아하는 구절이자 가장 무시무시한 두 단어짜리 말로 현상을 설명하려 한다. 바로 '이번에는 다르다'이다.

'이번에는 다르다'?

앞 장의 주제는 자산시장에서 좋은 수익률을 찾고자 하는 사람들이 반길만한 이야기가 아니었을 것이다. 존 템플턴의 말에 따르면 투자하기 가장 좋은 때는 시장이 '최대로 비관적인' 때라고 한다. 현대 사회가 경험한 최악의 팬데믹을 겪은 지금, 아이러니하게도 '최대로 낙관적인' 관점이 더욱더 힘을 얻은 것처럼 보인다.

기회를 찾는 데 도가 튼 전문 자산 관리사들은 거의 언제나 낙관적인 관점에서 시장을 바라본다. 또한, 이들은 벤치마크 지수나 경쟁자들보다 성과가 많이 벌어졌을 때 발생하는 커리어 리스크를 무의식적으로 피하려고 한다.

대부분의 경기 주기에서는 이런 접근 방식이 옳다고 할 수 있다. 시장은 매우 탄력적이고 불가능해 보이는 장애물도 극복할 수 있는 능력이 있다. 하지만 결정적으로 시장의 이런 능력은 공정하고 투명하며 소유권의 법칙이 인정되는 시장에서의 가격 신호에 발현된다.

2008년에 세계 금융위기가 터질 때까지 엄청난 부채가 쌓일 수 있었던 이유 중 하나는 금융 시장의 참여자들이 자신들이 감당하고 있는 레버리지의 규모를 감춰 자산의 실제 가치를 속일 수 있었기 때문이다. 현재도 이와 비슷한 일이 일어나고 있다.

금리를 억제해 자산 가격을 높이겠다는 목표는 확실히 달성되었다. 그러나 단순히 자산 가격이 오르고 위험에 대한 인식이 줄기만한 것이 아니다. 자본 비용이 거의 0에 가깝게 유지되면 어쩔 수 없이 분배 효과가 발생한다. 이러한 효과는 더 넓은 범위의 사람들에게 영향을 미치며 부의 분배에 대한 논의는 점점 두드러지게 나타난다.

자산시장 내에서도 분배 효과가 일어난다. 부채 비용이 줄고 탈주식화de-equitization(인수합병 자금을 마련하는 과정에서 주식 발행이 아니라 유가증권 회수 또는 채권 발행으로 자금을 조달하는 것-옮긴이)가 장려되면 기업 대차대조표의 구조가 바뀐다. 부채 비용과 함께 미래 현금 흐름을 평가하기 위해 사용되던 '무위험' 금리가 낮아지면, 먼 미래의 매출 가치도 달라진다. 오늘날 이러한 왜곡이 확실히 드러나고 있다.

경기가 침체되어 어디에 문제가 있는지 확실히 드러나기 전까지는 확신할 수 없지만, 현재 대부분 자산의 내재 가치는 겉으로 보이는 것보다 낮을 가능성이 매우 커 보인다. 그리고 시장이 마침내 침체를 겪게 되었을 때, 위험이 커지도록 만든 데에 중앙은행의 금리 조정이 얼마나 연관되어 있는지 우리는 반드시 돌이켜보게 될 것이다.

시장은 쉽게 자금을 조달할 수 있도록 만드는 당국의 처방에 중독된 듯하다. 자산시장이 계속 하락했을 때 발생할 결과를 두려워하며 반복적으로 같은 처방을 한 중앙은행은 시장이 더욱더 중독되도록 부추겼다. 이러한 처방이 처음부터 잘못되었다고 할 수는 없지만, 투자자들이 금단현상을 경험하지 않도록 일찍이 중단되었어야 했다.

중앙은행이 끊임없이 간섭하게 되면서 자본 비용은 지난 10년 이상 시장에서 정해지지 않았다. 정책 입안자들과 평론가, 래리 서머스Larry Summers 같은 시장 참여자들은 주기적으로 지금의 세상을 '저금리의 시대'라고 이야기해왔다.* 이들은 '저금리의 시대'가 자연적이고 지속 가능하다고 생각하지 않았을지 모르지만, 사람들은 이들의 말에 그러한 뜻이 담겼다고 해석해버렸다.

---

* Furman, J. and Summers, L., 2020. A Reconsideration of Fiscal Policy in the Era of Low Interest Rates.

이 시대를 중앙은행이 표현한 대로 정의하면, 다른 시대에서는 지속 가능하지 않거나 책임감이 없다고 여겨졌을 결론에 도달하게 된다. 예를 들면 세계 금융위기 동안 영국 재무성 사무차관이었던 맥퍼슨 경 Lord Macpherson 은 2001년 국민 소득의 27% 수준이었던 영국의 국가 부채가 2023년에는 110%까지 치솟을 것이라 지적했다.* 그는 '만약 현재의 미미한 금리가 2%까지만 올라도 영국이 짊어져야 할 부담은 연간 500억에 달한다. 영국의 연간 교육비 지출과 같은 액수가 부채를 상환하는 데 낭비되고 있다'라고 덧붙였다.

이쯤에서 시장이 이러한 정책을 오랫동안 받아들인 이유가 궁금할 것이다. 금융 시장은 알려진 정보를 통해 가격을 책정하는 곳이어야 하는데 말이다. 답은 시장이 책정하는 가격이 언제나 완벽하지 않다는 데 있다. 시장에서 버블이 발생하고 터지는 현상이 반복되고 자산 관리 회사들이 활발히 운영되는 것을 보면 시장이 언제나 정확한 결과를 도출하지는 않는다는 사실을 알 수 있다.

대신 시장에서는 알려진 논리 조건들에 따라 자산 가격을 책정한다. 논리는 결과로 이어지지만, 가정이 틀렸다면 그에 따른 결과도 마찬가지일 수밖에 없다. 시장에서 뭔가가 잘못되고 있다는 징

---

* MacPherson, N., 2021. In defence of austerity. Prospect. [online] Available at: www.prospect-magazine.co.uk/author/nicholas-macpherson [Accessed 21 January 2021].

조가 보일 때, 사람들은 '새로운 패러다임' 또는 존 템플턴이 가장 좋아하는 구절이자 가장 무시무시한 두 단어짜리 말로 현상을 설명하려 한다. 바로 '이번에는 다르다'이다.

이와 비슷한 말로 '작년에도 똑같은 이야기를 할 수 있었다'라는 문장도 있다. 일어나리라고 예상했던 사건이 정해진 기간 내에 일어나지 않았으므로 일어날 가능성이 작아졌다는 의미다. 논리나 가정이 처음부터 틀렸다면 이 말이 맞을지도 모른다. 하지만 그렇지 않다면 결과는 예측한 사건이 일어날 확률이 낮아지는 것이 아니라 그 반대가 되고 만다. 여기에서 확실히 알 수 있는 사실은 벤치마크 지수와 투자 성과를 단기적으로 비교하는 것은 말이 되지 않으며 이 말도 안 되는 비교 때문에 투자 전문가들은 커리어 리스크를 진다는 것이다.

투자 사례에서는 높아진 밸류에이션의 탄력성이 시간이 갈수록 더 탄력적으로 변하며 예측했던 사건이 터질 확률은 낮아지는 것이 아니라 더 높아진다. 다시 말하면 잘못된 의견이 오래 지속될수록 결과가 나쁠 확률이 높아진다.

지금은
새로운 시대인가?

투자자들이 가장 궁금해할 질문은 앞으로 투자할 때 주의를 기울여야 할지 아니면 이번에는 정말로 달라서 불마켓bull market이 계속될지일 것이다. 이미 이야기했듯 현재의 금융 정책을 지지하는 의견은 경제협력개발기구OECD와 국제통화기금IMF을 비롯한 범국가 단체와 각국 정부에까지 널리 퍼져있다.

이보다 더 극단적인 입장을 가진 쪽은 확장적인 역할에 제한이 거의 없다고 보는 현대통화이론Modern Monetary Policy의 지지자들을 예로 들 수 있다. 현대통화이론의 내용은 대체로 전통적인 경제 이론을 따른다. 다른 점이 있다면 현대통화이론은 정부에서 통화를 발행할 권한을 가진 이상 유일한 제한은 사용할 수 있는 실제 자원이 얼마나 있느냐이며, 자원이 완전히 사용되었을 때만 인플레이션이 발생한다고 주장한다.

이러한 해석은 정부에 완전 고용을 실현하도록 경제를 관리하는 역할을 부여하므로 정치적으로 매력적일 수밖에 없다. 현대통화이론의 이론적·실질적인 문제에 대해 비판의 목소리가 있지만, 여기에서 중요한 문제는 오늘날의 환경이 정치적 사상이 침입하는데 어떻게 비옥한 기반을 제공하게 되었는가다.

현대통화이론까지 언급하지 않더라도, 세계 금융위기 이후 시행된 정책들은 우리가 새로운 저금리 시대를 맞이했을 뿐만 아니라 이 시대가 앞으로 몇 년 동안 이어지리라는 주장에 뿌리를 두고 있다. 여기에는 중요한 세 가지 결론이 뒤따른다.

그중 하나는 양적 완화가 점점 널리 사용되고 기록적으로 낮은 금리가 유지되더라도 경제 성장률을 올리기 위해 통화정책이 할 수 있는 일이 거의 없어졌다는 것이다. 두 번째, 새로운 저금리 체제는 정부의 막대한 지출로 민간 투자를 몰아낼 수 없다는 것을 의미한다. 세 번째, 이런 수준의 금리가 유지된다면 자금을 대기 위해 드는 비용보다 지출과 투자를 통해 얻을 수 있는 수익이 많으리라고 가정할 수 있다. 이러한 논리를 받아들이는 사람들은 늘어나는 정부의 부채를 관대한 시각으로 보게 된다.

설사 전제가 잘못되었더라도 이러한 가정들이 틀렸다고 하기는 힘들다. 앞서 세계 금융위기 이전의 금리 체계 및 미국과 개발도상국 사이의 저축 불균형이 '저축 과잉savings glut' 때문이었다고 설명

그림 21 | 주요 경제 시장의 인플레이션 및 채권 명목 금리

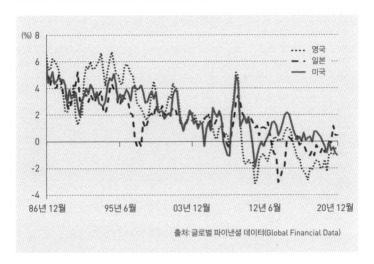

출처: 글로벌 파이낸셜 데이터(Global Financial Data)

했다. 최근에는 이러한 설명을 듣기가 힘들어졌다. 대신 사람들은 1980년대 인플레이션을 잡기 위한 폴 볼커의 정책으로부터 시작된 명목 및 실질 이자율 하락 추세가 지속될 것이라고 암묵적으로 가정하고 있다.

그렇다면 우리가 낮은 인플레이션 및 금리가 지속되는 시기에 살고 있다는 가정은 맞을까? 실제로 각종 그래프에서는 폴 볼커의 시대부터 금리가 계속해서 내려가는 추세를 보인다. 하지만 현재와 세계 금융위기 전후와는 중요한 차이가 있다.

세계 금융위기가 닥치기 전, 10년 만기 채권의 실질적인 수익률은 평균 2% 정도였다. 수익률이 거의 0에 가깝거나 그 이하 수준으로 수익률이 떨어진 것은 세계 금융위기 이후였다. 세계 금융위기에서 벗어난 직후에는 금융 기관의 지급 능력에 대한 우려와 디플레이션이 원인이었던 1930년대의 불황이 다시 시작될지도 모른다는 두려움으로 인해 수익률이 하락했다.

하지만 금융권에서 자본 구성을 재편하고 경제가 회복되자, 이러한 우려는 저금리 현상이 장기화될수록 점점 설득력을 잃었다. 솔직히 말하면, 앞서 설명한 것처럼 중앙은행에서 끊임없는 정책 간섭과 부양책을 통해 수익률을 제한하리라는 설명이 더 설득력을 얻게 되었다.

믿기 힘든
공식 예측

연준과 현재 미국 행정부에서는 확실히 이러한 새로운 관점을 지지하고 있다. 이들은 앞으로의 금리 상황과 풍선처럼 부푸는 정부 적자에 재정을 조달하기 위해 채권을 발행하려 한다. 이를 위해 기록적인 규모의 부채를 흡수하는 채권 시장의 능력에 관해 장밋빛 청사진을 제시한다. 하지만 실질적인 이익을 생각하는 사람이라면 수치를 좀 더 비관적으로 볼 수 있어야 한다.

그 이유 중 한 가지는 공식 예측이 의미 있는 정보를 제공하기는 하지만 경제 전망을 있는 그대로 제공하지는 않기 때문이다. 예측은 특정한 목적을 가지고 특정한 제약이 있는 상태에서 생산된다.

중앙은행은 시장 기대치를 설정하고 변동성을 줄이기 위해 정책의 향후 경로에 대한 자체적으로 포워드 '가이던스'(사전적 정책 방향 제시-옮긴이)를 제공한다. 영국 의회 예산처는 세금과 지출 관련 법안이 바뀌지 않는다는 가정을 바탕으로 장기 전망을 예측한다. 따라서 예측을 확인할 때는 이러한 제약이 있다는 사실을 염두에 두어야 한다.

연방준비위원회

연방준비위원회가 예측한 앞으로 3년 이후의 경제 전망 중간값을 [표 1]에서 볼 수 있다. 만약 연준의 예측을 그대로 믿는다면 명목 성장률은 다음 2년 동안 약 6%, 그 이후에는 4.5% 정도가 될 것이다. 2024년까지 단기 금리를 올리지 않더라도 인플레이션은 연준 목표인 2% 수준을 유지한다. 그 후 단기 금리가 2.5%로 오르는데, 단기 실질 금리가 대략 0.5% 정도 될 것이라는 의미다.

다시 한번 말하지만, 연준에서 시장의 기대를 관리하기 위해 이러한 데이터를 내놓는다는 사실을 기억해야 한다. 지금 시장에서 활용되고 있는 레버리지 수준을 생각하면 연준에서 시장의 반응을 촉발하고 대출 비용이 오르도록 만드는 행동을 하는 것은 매우 위험하다. 이러한 인플레이션 전망이 연준의 진심일 수도 있지만, 인플레이션 예측이 목표치를 상회할 것으로 계산되었더라도 곧이곧대로 보고서를 내지는 않았을 것이다.

연준에서 '평균' 인플레이션율을 자주 언급하고 정부가 간섭하지 않아도 단기적으로 경제가 회복되면서 금리가 2% 이상으로 오

표 1 │ 연방준비위원회 예측

연준 예측

변수	2021	2022	2023	장기
실질 GDP 성장	4.2	3.2	2.4	1.8
실업률	5.0	4.2	3.7	4.1
PCE 인플레이션	1.8	1.9	2.0	2.0
적절한 정책 경로에 따른 연방기금금리(Federal Funds Rate) 추정	0.1	0.1	0.1	2.5

출처: 통화 정책 보고서, 2021년 2월 19일. 연방 준비제도 이사회

를 가능성이 있다고 이야기하는 빈도가 잦아졌다는 사실도 주목할 만하다. 이렇게 되면 '인플레이션이 2% 이하로 계속되고 있을 때 적절한 통화정책을 실행하면 인플레이션이 얼마 동안 2%보다 약간 높아진다'는 것을 아주 잘 아는 중앙은행의 숨통이 약간 트이게 된다.*

여기에서 '약간'과 '얼마 동안'이 어느 정도를 뜻하는지는 자세히 설명되지 않았지만, 장기적인 수치가 자신들이 정한 한도를 벗어나지 않는 이상, 단기적인 탈선은 무시하겠다는 연준의 의지를

---

* federalreserve.gov. 2020. Why does the Federal Reserve aim for inflation of 2 percent over the longer run?. [online] Available at: www.federalreserve. gov/faqs/economy_14400.htm

엿볼 수 있다. 여기까지의 내용은 모두 연준의 기대 관리expectations management에 속한다고 할 수 있다. 연준은 금융 시스템 내의 레버리지 규모와 신용 시장의 취약함을 잘 안다. 또한, 인플레이션의 위협 때문에 신용 거래 비용이 오르면 국가 부도나 경제 성장 둔화로 이어지기 쉽다는 사실도 확실히 알고 있다.

2020년 코로나19로 인한 충격으로 타격을 입었던 경제가 반등하면서 상품과 원자재 가격에서 숫자상 인플레이션이 발생했다는 사실을 고려하면 인플레이션율을 조금 낮춰 생각하는 것이 맞다.

연준의 공식적인 예측에서는 인플레이션이 기대치를 벗어나지 않을 것이며 실질 경제 성장률이 연간 2% 정도로 지속되리라고 가정한다. 이러한 공식 예측은 자산시장에도 영향을 미친다. 인플레이션이 예측된 '평균' 인플레이션율을 몇 달 동안만 웃돌아도 연준은 수익률이 급등하는 것을 막기 위해 시장을 진정시키려고 애를 써야 할 것이다. 이제까지 연준이 시장에 간섭한 배경은 경제 성장이 뒤처졌기 때문이었지만 이제부터는 아닐 수도 있다.

실질 GDP가 강력하게 성장하는 모습을 보일 때도 마찬가지다. 경제가 호황일 때 양적 완화와 금리 억제를 실행할 근거가 무엇일까? 세계 금융위기 이후 금융 부문이 무너지지 않으리라는 것이 분명해지자 언론에서는 일제히 긍정적인 소식을 전했다. 경제가 약

세라는 지표가 나오면 통화 완화 정책이 시행되었고, 자산 가격은 계속해서 올랐다. 경제가 성장할 것이라는 소식은 이러한 정책에 정당성을 부여하고 추가로 자산 가격을 올렸다.

우리는 지금 모든 뉴스가 나쁜 소식을 전하는 환경으로 가는 중인지도 모른다. 이제 바뀐 시장 상황에서는 경제가 호황이라는 증거가 나오면 통화 및 재정적 간섭이 적어져야 한다. 정부의 간섭이 덜해지면 다시 시장에서 자본 비용을 결정할 것이고, 그러면 자산 가격은 부정적인 영향을 받게 될 것이다.

반면 온갖 정책을 다 시도했는데도 경제가 약해진다면 지금과 같은 엄청나게 높은 밸류에이션에 근본적인 기반이 없다는 의미다. 달리 말하면 양쪽이 다 앞면이었던 동전이 이제 그 반대가 되려고 한다는 뜻이다.

영국 의회 예산처

의회 예산처The Congressional Budget Office에서는 정기적으로 재정 정책에 대한 영향이 어떨지 예측하는 데 도움이 되는 데이터베이스와 예측치를 내놓는다. 세금과 지출이 변하지 않는다는 가정을 바탕으로 하므로 예측 결과는 예상대로 완전히 비현실적이라고 할 수 있

표 2 | 영국 의회 예산처의 경기 예측

변수	2021	2022	2023	장기 (2026~2031)
실질 GDP 성장	3.7	2.4	2.3	1.6
실업률	5.3	4.9	4.6	4.3
개인 소비지출 물가(PCE) 인플레이션	1.7	1.9	1.9	2.1
3개월 만기 국채 금리	0.1	0.1	0.2	1.7
10년 만기 국채 금리	1.1	1.3	1.5	3.0

출처: 경기 전망 개요: 2021~2031년, 영국 의회 예산처, 2021년 2월

다. 하지만 경제 전망이 변했을 때 정부 부채가 어떻게 될지를 알아 볼 수 있는 유용한 지침이 된다.

의회 예산처에서는 2020년 12월 발행한 보고서*에서 자금 조 달 비용이 변화할 때 부채 금리 상환에 어떤 영향이 미치는지를 보 여주는 민감도 분석을 의회 예산처에서 정한 핵심 사례와 비교하 여 제공했다. 놀라울 것도 없이 핵심 사례는 낙관적인 시각으로 금 융 시장을 안심시키는 사례였다. 이 사례에서는 GDP 대비 순금리

---

* Congressional Budget Office, 2020. Federal Net Interest Costs: A Primer.

net interest 비율이 2010년부터 2021년까지 1.3%에서 1.6%로 상승했으며 앞으로 7년 후인 2028년까지 이 수준이 유지되리라고 전망한다.

같은 맥락에서 우리는 10년이 채 안 되는 기간 동안 거의 3배 가까이 증가한 부채에 주목해야 한다. 세계 금융위기의 여파로 10조 달러 미만이었던 부채가 2배나 증가해 20조 달러가 되었다. 현재 코로나19 팬데믹에 대응하기 위해 논의되고 있는 구제책이 현실이 된다면 부채가 30조 달러까지 치솟으리라는 예측이 나온다. 이 정도의 부채를 조달했을 때 반길만한 결과를 얻을 수 있는지는 금리와 세수를 어느 정도로 가정하느냐에 달려있다.

의회 예산처의 전망은 2021년과 2022년 코로나19 회복기를 거치면, 남은 2020년대 상반기 동안 실질 성장률은 연간 2%, 명목 성장률은 연간 4% 이상일 것으로 가정한다. 의회 예산처의 예측에서 실질 성장률이 2% 미만으로 떨어지고 명목 성장률이 4% 수준으로 머무르게 되는 것은 2020년대 후반부에 들어서다. 그리고 그후 20년 동안은 완만한 경제 성장과 인플레이션이 지속되리라 가정한다. 예상 세수 흐름은 이런 경제적 배경을 바탕으로 추정되었다.

부채 비용은 계속해서 억제되며 2020년부터 2026년까지 실질 수익률 예상치는 마이너스 상태로 유지되는 반면, 명목 수익률은 같은 기간 동안 점차 2%까지 오른다. 이자 지급액은 2020년 3,450억 달러에서 2024년 2,720억 달러로 감소한다. GDP 대비 부채 이자 지급액은 2020년 1.6%에서 2024년 1.2%까지 떨어졌다가 2020년대가 끝날 무렵 점차 2%를 향해 증가한다고 추천한다.

지나치게
낙관적인 전망

이런 긍정적인 예측은 중앙은행에서 확장적인 재정 정책을 유감 없이 펼칠 수 있게 만드는 배경이 된다. 하지만 재정 정책의 고삐를 풀기 전에 예상 수익률 곡선의 수준과 형태에 따른 채무상환 부담의 민감도를 반드시 따져보아야 한다. 예를 들면 미국의 부채 만기는 5년을 약간 넘는 수준으로 선진국 중에서 가장 짧으며 가중평균 표면이자율은 약 2% 정도다(선진국 대부분의 부채 가중평균만기는 5~8년이며, 영국은 예외적으로 14년이 넘는다).

또한, 앞에서 언급했듯 중앙은행에서 조달해온 부채의 정도를 보면 부채 만기는 유의미하게 효과적으로 단축될 것이며 이에 따라 자금 조달 비용에는 더 신속하게 영향을 미치게 될 것이다. 채권 만기 구성이 중요한 이유는 영국 의회 예산처 예측에서 부채 부담이 엄청나게 증가하는데도 불구하고 2025년까지 미국의 예상 이자 지급액이 증가하는 것이 아니라 하락하는 이유를 설명하기 때문이다.

간단하게 설명하면, 높은 부채 비용을 주고 빌린 대출은 더 싼 금리로 차환할 수 있다. 충분히 발생할 수 있는 상황이고 금리 예측이 맞다면 순이자지급액은 떨어질 것이다. 하지만 이것은 곧 금리가 상승할 때 그에 따른 민감도 또한 증가한다는 뜻이다. 그 뒤에 펼쳐질 일의 규모를 [그림 22]와 [그림 23]에 실었다. 두 그래프는 기존의 재정 구조를 바탕으로 산출한 영국 의회 예산처의 예산 추정치를 보여준다.

연방 부채는 전례 없는 팬데믹으로 정점을 찍은 현재 수준에서 2배 더 불어나 GDP의 200%까지 치솟는다. 결과적으로 연간 재정 적자의 대부분을 이자 지급액이 차지하게 되며 재정 균형을 달성하려면 기초재정수지 흑자primary surplus가 GDP의 5% 이상 되어야 한다. 이런 흐름은 세계적으로 조롱의 대상이 된 이탈리아의 부채 상태와 비슷하다. 부채가 산더미처럼 쌓인 마당에 기초재정수지 흑자라는 한 가지 요소만으로는 숨 쉴 공간조차 만들 수 없다. 이런 상황을 벗어나기가 정치적·경제적으로 어렵다는 사실을 전 세계 사람들 모두 잘 알고 있다.

현재 수준 기반으로 예측한 부채 상태가 그리 나빠 보이지 않는가? 상황이 조금만 나빠져도 예상된 결과는 그보다 어마어마하게

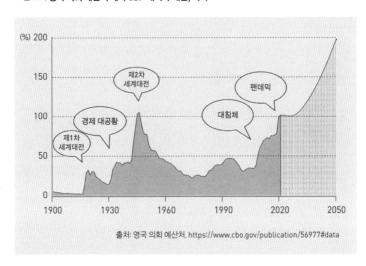

출처: 영국 의회 예산처. https://www.cbo.gov/publication/56977#data

그림 23 연간 적자: 기초재정수지 적자 및 이자 비용

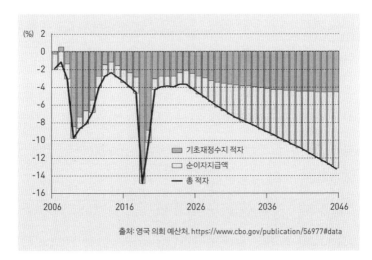

출처: 영국 의회 예산처. https://www.cbo.gov/publication/56977#data

달라진다. 영국 의회 예산처의 그래프(그림 22, 그림 23)는 금리가 온화하게 변하리라고 가정하고 만들어진 것이다. 예를 들면 의회 예산처에서는 금리가 연간 10bp 인상될 때마다 재무부의 이자 지급액이 2022년에는 180억 달러씩, 2025년에는 710억 달러씩 늘어날 것으로 추정한다. 그런데 금리가 100bp 증가한다면? 엄청난 영향을 미치게 될 것이다.

금리가 이 정도로 인상된다면 2023년에는 이자 부담이 2배 이상, 2025년에는 3배 가까이 늘어난다. 후자의 수치를 가지고 계산하면 이자 지급액은 GDP의 3.5% 이상을 차지하게 된다. 이러한 예측은 결코 허튼소리가 아니다. 10년 만기 미국 국채 수익률이 100bp 상승하더라도 인플레이션이 현재 수준이라면 실질 수익률은 여전히 역대 평균을 훨씬 밑돌 것이고, 단기 수익률 곡선에서 금리는 여전히 마이너스일 것이다.

다른 말로 하면, 실질 금리가 역대 정상 범위 안으로 돌아온다면, 재정 예측을 뒷받침하던 온화한 전망을 더는 믿을 수 없다는 뜻이다. 예를 들어 인플레이션이 폭등한다면 시장은 그에 대한 보상으로 명목 수익률을 올릴 것이고, 부채에 자금을 조달해야 하는 정책 입안자들은 어려움을 겪게 될 것이다.

현재 발표된 향후 몇 년에 대한 공식적인 예측을 회의적으로 보는 게 맞다면, 2050년까지의 장기적인 전망에서 회의론은 불신으로 변하게 될 것이다. 의회 예산처는 2050년까지 재정 적자가 GDP의 200%가 될 것이며, 기초재정수지 적자는 4%, 이자 비용은 GDP의 6.5% 수준일 것으로 추정한다. 이 수치들은 호의적인 경제 상황을 바탕으로 한 예측이다. 그런데 앞으로 펼쳐질 상황이 이 예측대로 흘러가지 않으리라는 것을 우리는 안다.

물론 계획된 재정 부양책의 정도와 팬데믹 이후 예상보다 경기가 더 빠르고 강력하게 회복되었다는 사실을 고려하면 경제 성장에 대한 연준과 의회 예산처의 단기 예측이 보수적이라고 주장할 수도 있다. 만약 세상이 의회 예산처가 예측한 대로 돌아간다면 단기적으로는 자산시장이 현재 수준으로 유지되는 것도 가능하다.

인플레이션이 서서히 상승하고 합리적인 명목 및 실질 성장률이 탄탄하게 유지되는 배경에서 투자자들은 수익을 찾기 위해 노력할 것이다. 문제는 지금까지는 무시해왔던 이런 배경이 이제는 매우 불쾌하지만 피할 수 없는 장기 전망이 되었다는 점이다.

무대 중앙으로 옮겨가는 정부 간섭

정부의 간섭이 더 커져야 한다는 정치적 입장은 상당한 시간 동안 점점 빠른 속도로 세력을 더해갔다. 대중의 의견과 시장 모두 그 어느 때보다 규모가 큰 재정 부양책을 펼치려는 정부를 지지하는 듯하다. 시장에 간섭할 때 선호하는 수단은 정당마다 다르지만, 가장 보편적으로 사용되는 방법은 부채를 늘리고 이자율을 억제하는 것이다. 부채의 지속 가능성은 낙관적으로 전망하면서 재정 긴축을 이야기하는 이는 아무도 없다. '긴축'이라는 단어가 아예 금기어가 된 듯하다.

이런 대규모 재정 정책을 펼칠 수 있는 이론적 근거는 재정을 확장하면 자금 조달에 든 비용보다 더 큰 수익을 창출할 수 있으므로 자체 자금 조달self-financing이 가능하다는 제이슨 퍼먼Jason Furman과 로렌스 서머스Lawrence Summers의 아이디어에서 나온다. 이런 주장은 정치적 우파가 선호하는 래퍼 곡선Laffer-curve 논쟁(세금 감면 정책으로 사업가들에게 동기를 부여하면 성장률을 끌어올릴 수 있으므로 세금 감면 정책은 자체적으로 자금을 조달할 수 있다는 주장)과 닮아있다.

문제는, 이런 정책이 일단 열정적인 정치인에 의해 채택되고 나면 이러한 생각이 극단적으로 변해 경제의 다른 부분까지 위험하게 왜곡하고 파괴적인 결과를 초래하는 경우가 많다는 데 있다. 더 확장적인 재정 정책을 옹호하던 사람들까지도 시장에 재정을 투입하기 전 신중하게 상황을 살피고 규모를 조정해야 한다며 우려를 표하기 시작했다.

정치 이념상 정부의 간섭을 늘려야 한다는 주장을 반대하는 입장과는 거리가 먼 로렌스 서머스조차 2021년 파이낸셜 타임스 인

래퍼 곡선

미국의 경제학자 아더 래퍼(Arthur B. Laffer) 교수가 제안한 이론으로, 세율과 조세 수입 간의 관계를 나타내는 그래프이다. 래퍼 교수는 세율이 높아질수록 세수가 계속적으로 증가하지 않고 최적 세금 부담율을 초과하면 오히려 세수가 줄어드는 현상이 나타나는데 이는 지나치게 세율이 올라가면 근로 의욕 감소 등으로 세원 자체가 줄어들기 때문이라고 설명했다. 따라서 세율의 증가로 인한 세수감소가 발생할 때는 세율을 낮춤으로써 세수를 증가시킬 수 있다는 것이다. 래퍼 곡선은 1980년대 레이건 행정부의 감세 정책의 이론적 근거가 되었다.

터뷰*에서 이러한 점을 지적했다.

하지만 지금 우리가 깨달아야 할 것은 '더 큰 정부'를 향한 움직임을 뒷받침하는 주장이 이제 충분히 자리를 잡아서 부정적인 결과가 점점 명백하게 드러나고 일상생활에 영향을 미치기 시작할 때까지는 절대 물러서지 않으리라는 것이다. 어떤 면에서는 로널드 레이건Ronald Reagan 과 마거릿 대처Margaret Thatcher 시절 앵글로색슨 경제(자본 시장에 대한 자유 방임과 규제 철폐를 핵심으로 하는 사회모델-옮긴이)에서의 '자유' 시장을 향한 움직임을 떠올리게 한다.

당시 부작용이 생길 것을 알면서도 상황을 회복하려면 뭐라도 해야 한다는 여론이 만들어질 만큼 경제적 혼란이 컸다. 영국을 예로 들면 이 시기는 급격한 인플레이션이 발생하는 한편 정부 정책에 의해 '가격과 소득'이 결정되었으며 임금 교섭 과정 때문에 노동자들은 극심한 노동 불안을 겪던 시기였다. 구제 정책에 대한 지원은 오랫동안 유지되다 못해 점점 경제적인 결정이 아닌 절대적 교조가 되어가는 지경이 되었다.

여론이 반대 방향을 향하고 있다는 점만 빼면 현재도 그때와 상

---

*   Wolf, M., 2021. Larry Summers: 'I'm concerned that what is being done is substantially excessive'. Financial Times. [online] Available at: https://www.ft.com/content/380ea811-e927-4fe1-aa5b-d213816e9073 [Accessed 12 April 2021].

황이 비슷하다. 현재 여론은 시장이 사회적으로 수용할만한 결과를 내는 데 실패했으며 일부 계층에만 이득이 되도록 발전했다는 쪽으로 기울고 있다. 여기에 더해 정부가 이제껏 인플레이션을 촉발하지 않고도 세계 금융위기 이후의 후유증을 성공적으로 완화했다는 인식마저 생겼다.

정책을 비난하는 여론이 있더라도 개입이 더 컸어야 한다거나 좀 더 오래 유지되었어야 한다는 의견들 뿐이다. 팬데믹에 대한 정책적 대응으로 인해 급증한 부채를 시장은 철저히 묵인했고, 덕분에 정부의 적극적인 개입에 대한 지지 기반은 강화되었다.

세계 금융위기 이후 정부 부채 비율을 역대 평균 수준으로 줄이려는 시도가 있었지만 새로운 정설에 따르면 그런 노력은 필요하지도, 적절하지도 않다. 긴축이라는 정책 수단은 이미 잃을 수 있는 신뢰를 다 잃은 듯하다. 의회 예산처 같은 기구에서 제시하는 부채 전망을 보면 세금을 늘려야 할 것 같지만 정부는 '저를 고결하게 하소서, 하지만 아직은 아닙니다(Make me virtuous, but not yet)'라고 말하는 듯하다. 달리 말하면, 이런 추세는 쉽게 변하지 않을 것이다.

정치적으로 실현 가능한
조세 정책

이런 상황에도 불구하고 정부에서 할 수 있는 첫 번째 조치는 정치적으로 수용할 수 있는 범위 내에서 세금을 인상하는 것이다. 놀랄 일이 아니다. 미국에서는 이미 지난 대통령 선거와 이후의 공개 담화에서 이러한 조치가 예고되었다. 선거 공약은 선거가 끝난 후 공식 입장이 되었고 실제로 논의가 시작된 지금까지 시장의 반응은 긍정적이었다. 부채를 갚기 위해 정부에서 수입을 늘려야 하는 한, 이러한 입장은 실제 행동으로 옮겨질 것이고 금리 인상에 대한 시장의 두려움은 실행 속도를 더 빠르게 만들 것이다.

　일부 세금은 반드시 인상될 것이며, 가장 정치적으로 수용 가능한 문제인 듯하다. 우선 '마땅한 몫'의 세금을 피하거나 현재 상황을 통해 '불공평한' 이익을 취하고 있는 것처럼 보이는 이들이 목표가 될 것이다. 고정 자산을 가지고 있을 필요가 점점 없어지면서 자유롭게 사용할 수 있게 된 자금으로 소득을 늘렸거나 무형 자산을 세율이 낮은 지역으로 옮겨둔 기업들이 바로 여기에 속한다. 국제 조세 시스템의 남용을 조명하는 강력한 조치와 홍보 캠페인을 기대해도 좋을 것이다.

기축통화 지위를 가지고 있으면서 여러 국가에 영향을 미칠 수 있는 미국에서 이러한 추세를 이끌어 갈 것이다. 주요 선진국들의 실행이 미국보다 늦어지고, 납세 계획을 세우는 이들이 바쁘게 대응책을 마련한다고 하더라도 앞서 이야기했던 기업들에 매겨지는 실효 세율은 상승할 것이다. 홍보 캠페인은 기존 세제를 더욱더 철저하게 적용하는 것뿐만 아니라 잠재적인 독점을 방지하는 데도 집중할 것이다.

앞서 언급한 수치들이 말해주듯, 팬데믹 이후 조달되는 자금과 적자의 차이는 세금을 올리지 않고서는 메꿀 수 없고, 법인세는 정치적인 논란이 거의 없이 실행할 수 있는 수단이다. 기술 분야는 이미 독점권 남용을 제재하기 위한 정부의 조치로 위협을 받고 있고, 실효 세율을 줄이기 위해 조세회피처를 사용하던 관행을 방어할 방법을 찾기는 힘들 것이다. '법적으로 내야 할 모든 세금을 내겠다'는 공식 발표가 진실한지는 이들 하기에 달렸지만, 이들이 100% 솔직하리라고 믿기는 힘들다. 어쨌든 법적인 요구 사항은 달라질 것이고, 이러한 움직임은 이미 시작되었다.

그림 24 | 총 지니 계수, 미국

또한, 조세 제도의 변화가 덜 퇴보하리라고 기대할 수도 있다. 최상류층에 더 높은 세율을 부과하든, 세금 감면 제도를 없애든, 아니면 대놓고 부자세를 걷든, 결국은 이들을 적절히 공격할 수밖에 없을 것이다. 그 이유 중 하나는 거의 모든 인구에 대해 세금 부담을 늘리지 않으면 세수를 늘리기가 불가능하다는 사실을 숨기기 위한 연막이 필요하기 때문이다.

최근 몇 년간 가장 많은 이득을 취한 이들이 상대적으로 많은 이점을 누렸다는 사실을 고려하면 '가장 덩치가 큰 이들'이 더 많이 내놓아야 할 이유를 어렵지 않게 설명할 수 있다. [그림 24]의 지니 계수 그래프는 사회 구성원 중 소수 몇 명에게 더 많은 소득이 흘러

들어갔다는 사실을 증명한다. 지니 계수는 소득의 완전 분배 상태와 실제 분배 상태의 차이를 측정한 것이다. 값이 0인 경우는 소득 배분이 완전히 평등하다는 의미이며 1은 한 가정에서 모든 소득을 차지한다는 의미다.

세금 인상을 시행해야 할 세 번째 이유는 '친환경' 계획에 드는 비용을 충당하기 위해서다. 오염원을 생산하는 사람들이 부정적인 외부효과로 발생하는 비용을 이제까지 거의 부담하지 않았다는 주장은 사실이다. 저탄소 세계는 공짜로 만들 수 없다. 오염원을 만든 이들로부터 자본을 마련해 공평한 경쟁의 장을 만드는 것보다 좋은 방법은 없을 것이다. 비용 부담을 줄이기 위한 피 튀기는 로비가 발생할 것이다.

조세 정책의 일련의 변화는 기업이 부담할 비용을 높이고 팬데믹 이전 사상 최고점을 찍었던 이들의 세후 이익을 줄일 것이다. 최악의 경우, 소득과 자본 이익 모두에 높은 세금이 매겨지고 기업의 이익이 줄고 시장가치가 떨어지면 투자자들은 이중 타격을 받게 될 수도 있다. 그러므로 세금을 올려 정부가 필요로 하는 자금 규모를 확보할 수 있다고 하더라도 주식시장의 수익률을 생각한다면 세금 정책 시행에는 주의가 필요하다.

Chapter 5

경제 성장이
답인가

현재의 불마켓을 상당한 시간 동안 연장시키기 위해 우리가

할 일은 명확하다. 고평가된 밸류에이션을 역대 정상 범위로

되돌리려면, 실질적인 기준에서 빠르고 지속적으로 성장해야

한다. 그러려면 생산성을 키워야 한다.

더 높은 경제 성장률을
달성하려면

내가 박사 학위를 목표로 공부하는 동안, '말은 잊히지만, 글은 끝까지 남아 심판한다'라는 격언을 인용하길 좋아하는 선배 한 명이 있었다. 주장을 글로 써서 남길 때는 신중해야 한다는 조언으로 한 말이었다. 학계에서는 종종 이러한 신중함이 지나쳐 지루할 정도로 조심스러운 결론이 도출되기도 한다. 진짜 투자의 세계에서는 글로 쓴 언어뿐만 아니라 입으로 뱉은 말도 오래 남아 영향을 미친다.

1929년 유명한 신고전주의 경제학자이자 투자자였던 어빙 피셔Irving Fisher는 뉴욕 빌더스 익스체인지클럽Builders Exchange Club에서 열린 구매관리자협회Purchasing Agents Association 모임에서 연설한 적이 있었다. 후에 1929년 10월 16일 〈뉴욕타임스〉 기사에 인용된 구절에 따르면 그는 주가가 '영원한 안정기에 이르렀다'라는 현명하지 못한 주장을 펼쳤다. 한편 또 다른 유명한 시장 참여자인 로저 밥슨Roger Babson은 '조만간 주식시장이 붕괴될 것이다. 아마 그 여파는 꽝

장할 것이다'라며 어빙 피셔와는 완전히 상반된 경고*를 남겼다.

1929년 시장이 붕괴되기 직전, 이렇듯 시장 밸류에이션에 관한 논쟁에서 상반되는 의견을 가진 시장 참여자들을 쉽게 찾을 수 있었다. 광란의 1920년대처럼 다우존스 산업평균지수가 여섯 배까지 늘어나지는 않았지만, 이렇게 될 날이 머지않았다.

금융위기 당시 최고로 낮았던 지점에 비하면 S&P500 지수는 무려 5.8배(다우존스 산업평균지수는 4.6배) 올랐다. 세계 다른 지역에서의 상승세는 이보다는 정도가 덜했다. MSCI 선진국지수MSCI World All Country Index는 저점 대비 300% 상승했다.

일반적으로 경기에 거품이 낀 시기를 간결하고 함축적인 별명으로 부른다. 지금의 이 엄청난 불마켓에는 '에브리싱 버블'이라는 별명이 아주 잘 어울린다. 2008년 금융위기 대응책을 세울 당시 경제 대공황을 악화시켰던 정책 실수를 피하고자 했다는 사실을 고려하면, 상황이 다시 이렇게 된 것은 진짜 아이러니라고 할 수 있다.

현재의 불마켓을 상당한 시간 동안 연장시키기 위해 우리가 할 일은 명확하다. 고평가된 밸류에이션을 역대 정상 범위로 되돌리려면, 실질적인 기준에서 빠르고 지속적으로 성장해야 한다. 그러

---

*   Galbraith, J., 1954. The Great Crash. New York: Penguin.

려면 생산성을 키워야 한다. 명목 성장률이 높아지면 부채 부담은 줄어들지만 이는 인플레이션이 멈춰있어야 가능한 일이다. 그렇지 않으면 이자 비용이 덩달아 상승해 더 위험한 상황으로 치달을 수도 있다. 따라서 실질적인 성장이 이루어지는 것이 필수 조건이다.

그러려면 장기적인 실질 경제 성장을 빠르게 달성할 수 있도록 만드는 요소에 집중해야 한다. 이 말은 팬데믹 동안 침체되었던 경기가 V자 반등을 그리는 것을 넘어 훨씬 더 성장해야 한다는 뜻이다.

어떤 국가에서는 V자 회복부터가 문제가 되기도 한다. 예를 들어 영국 중앙은행에 따르면 영국의 2020년 성장률은 팬데믹으로 인해 기록적으로 9%나 감소했다가 회복하고 있는데, 회복 속도가 고무적이기는 하지만 2년 동안 하락한 성장률을 아직까지 회복하지 못하고 있다.

더 높은 실질 경제 성장률은 다음과 같은 요소를 통해 달성할 수 있다.

- 인구
- 무역
- 인구 이동
- 생산성/기술

인구

인구에 관한 설명은 다른 요소들보다 직관적으로 가능하다. 인구는 경제 성장의 여러 측면을 결정하는 중요한 요인이다. 나이별 인구 분포는 생산성, 무역 수지, 저축 및 투자, 그리고 금융 자산 수요에 영향을 미친다. 현대 인구 통계는 출산율이 감소하는 동시에 공공 의료 수준이 향상되고 영양 상태가 좋아지면서 사망률 또한 감소하는 흐름을 보여왔다.

출산율 측면에서 보면 도시화의 영향이 커지면서 대가족 비율이 줄었으며 피임으로 출산이 줄고 양육비용과 교육비용이 증가했다. 전후의 베이비붐 세대와 그들의 자녀인 에코 세대에서 볼 수 있었던 것과는 상반된 흐름이다.

인구 구조는 부양비로 표현될 때가 많다. [그림 25]의 그래프를 보자. 부양비는 변곡점이었던 약 10년 전까지 서서히 떨어지다가 그 이후 증가하는 것을 확인할 수 있다. 현재의 출산율과 사망률 예

그림 25 | 세계 총부양비

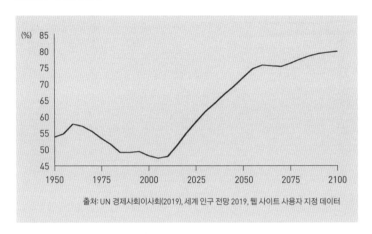

출처: UN 경제사회이사회(2019), 세계 인구 전망 2019, 웹 사이트 사용자 지정 데이터

측에 따르면 이러한 흐름은 이번 세기 중반까지 계속될 것으로 보인다. 가정에서의 사소한 변화가 미래 전망 예측에 복합적이고 중요한 효과를 불러일으키기도 하지만, 이제까지의 추세와 앞으로의 방향은 크게 변하지 않은 것이다.

세계대전 이후 인구가 늘고 부양비가 감소하면서 경제는 호황을 누렸다. 이제 상황은 반전을 맞이했다. 기대 수명이 늘어나면서 인구의 중위 연령이 올라갔다. 미국을 예로 들면 1900년도의 기대 수명은 50세였지만 현재는 80세다. 출산율이 감소하고 인구 이동이 제한되면서 인구의 노령화를 막을 방법은 없어졌다.

인구 부양비가 증가하는 현상은 아프리카를 제외하고 거의 모든

그림 26 | 세계 0~14세 인구 비율

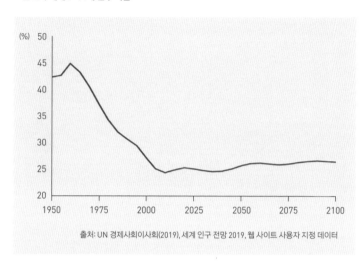

출처: UN 경제사회이사회(2019), 세계 인구 전망 2019, 웹 사이트 사용자 지정 데이터

그림 27 | 세계 65세 이상 인구 비율

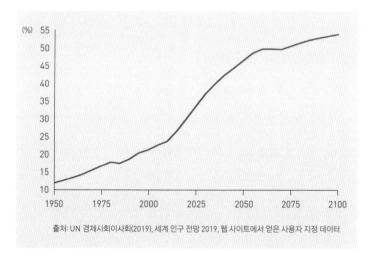

출처: UN 경제사회이사회(2019), 세계 인구 전망 2019, 웹 사이트에서 얻은 사용자 지정 데이터

그림 28 │ 세계 주요 경제권의 부양비 추이

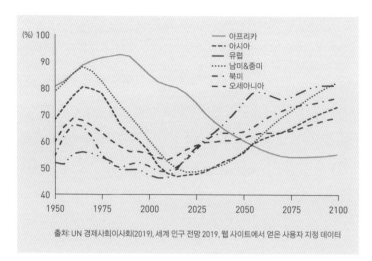

출처: UN 경제사회이사회(2019), 세계 인구 전망 2019, 웹 사이트에서 얻은 사용자 지정 데이터

나라에서 일관되게 나타나고 있다. 중국에서는 특히 이런 현상이 두드러지게 나타난다. 다시 말해 적극적인 경제활동을 하는 인구 비율이 줄고, 지원이 필요한 노년층의 비율이 늘고 있다는 뜻이다. 중국은 이러한 현상이 불러올 경제적·정치적 문제를 내다보고 산아 제한 정책을 해제하고, 자녀를 두 명까지 허용했다가 이제는 세 명까지 낳자고 적극적으로 홍보하고 있다.*

---

* The Economist, 2021. 'A third is the word: China rapidly shifts from a two-child to a three-child policy'. https://www.economist.com/china/2021/06/03/china-rapidly-shifts-from-a-two-child-to-a-three-child-policy

상황이 달라지지 않는다면 노동 시장은 줄어들고 세금은 늘어날 수밖에 없다. 굿하트Goodhart와 프라단Pradhan이라는 두 경제학자는 인구가 변화하면서 발생하는 경제적 영향에 관해 명확하고 간결한 책을 썼다.* 이들의 책에서 주목해야 할 결론은 세계가 지난 50년 동안 인구 변화의 순풍을 타고 혜택을 누렸으나 이 순풍은 곧 방향을 바꾸어 미래 경제 성장에 역풍을 날릴 것이라는 예측이다. 무엇보다 인구 성장을 촉진하는 정책과 탄소 배출량을 줄여야만 하는 상황 사이에는 본질적으로 모순이 존재한다.

---

*   Goodhart, C. and Pradham, M., 2020. The Great Demographic Reversal. London: Palgrave Macmillan.

무역

지난 40년 동안 세계 경제 구조에는 극적인 변화가 있었다. 중국이 건국되고 덩 샤오핑에 의한 '중국식 사회주의'*가 부상하면서 새로운 경제 강국이 등장했다. 철의 장막이 무너지면서 구소련의 풍부한 공산품들이 세계 시장으로 쏟아져 나왔고, 세계 무역은 한층 자유로워졌다.

이러한 두 가지 큰 변화의 영향으로 1980년대 초반부터 세계 무역이 폭발적으로 증가했다. 하지만 세기가 바뀐 이후 여러 차례 침체기가 찾아왔고 세계 무역의 성장 속도는 느려졌다. 무역이 빠르게 성장하던 시절은 끝나고 기껏해야 세계 GDP에 맞춰 성장하는 시대가 된 듯 보인다.

---

* Xiaoping, D., 1984. 'Building a socialism with a specifically Chinese character'. The People's Daily, [online] www.chinadaily.com. cn/china/19thcpcnationalcongress/2010-10/21/content_29714485.htm

그림 29 │ 세계 총 재화 수출액

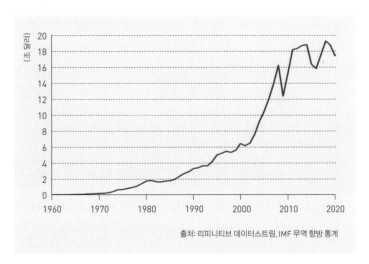

출처: 리피니티브 데이터스트림, IMF 무역 향방 통계

두 번째로 부정적인 영향도 있다. 지정학적 긴장이 높아지면 공급이 안정적일 수 있는지를 우려하게 된다. 앞으로는 많은 기업이 하나의 공급처에 의존하지 않게 될 가능성이 크다. 단일 국가 또는 지역에 공급을 의존하면 정치적인 조치 때문에 상품과 부품의 유통이 방해를 받을 위험이 있고, 이에 대한 두려움은 기업 의사회에서 위험 분산 방식을 논의하도록 만들었다.

미국과 중국 사이에 무역이 이루어지면서 생산 효율성이 향상되고(수익성 강화) 비용이 낮아졌지만, 이들 사이에서 안보에 관한 분쟁이 발생하자 단일 공급원과 적기 공급 방식(재고를 쌓아 두지 않고 적기에 제품을 공급하는 생산방식-옮긴이)의 약점이 더욱더 선명하게 드러나게 되었다. 공급원을 하나가 아닌 여러 개 두고 재고를 쌓아두는 방식을 택한다면 그동안 누리던 이점들을 잃을 수밖에 없다.

인구 이동

정치적·민족주의적인 의미를 생각하면 인구 이동은 민감한 주제다. 이민의 물결을 타고 만들어진 국가인 미국에서도 최근 이민자 규모와 특정 이민자 집단에 대해 불만을 표출하는 사람들이 많아졌다. 과거를 돌이켜보면 이는 절대 낯선 현상이 아니며 미국에만 한정되는 문제도 아니다.

1800년대에는 거의 모든 이민자 집단이 적어도 한 번 이상 비난의 대상이 되었다. 당시의 정치 풍자만화를 보면 감정의 골이 어느 정도였는지 알 수 있다(그림 30). 이것이 대중적인 여론은 아니었더라도 이런 의견을 가진 유권자들이 존재했고 정치적 결과를 끌어내려 했다는 의미다. 그 결과 1882년 중국인 배제 법령이 통과되었고, 비슷한 역사는 전 세계에서 찾아볼 수 있다. 사람들은 기존의 고용 시장을 위협할 수 있는 새로운 '값싼' 노동력에 반응해왔고, 그 대상이 특정 국적이나 종교 집단에 집중될 때는 더욱더 적극적

그림 30 | 이민자에 대한 비방: 역사의 일부

ⓒ '새로운 예루살렘(Their New Jerusalem) 그랜트 해밀턴, 〈저지〉(Judge), 1892, 코넬 대학교: 〈Persuasive Cartography〉: PJ 모드 컬렉션(위키미디어 공용)

ⓒ 〈더 불레틴〉(The Bulletin) 만평, 1886(위키미디어 공용)

© 〈더 마스코트〉(The Mascot) 만평, 뉴올리언스, 1889년 9월 7일(위키미디어 공용)

이었다.

 인구 이동이 가져오는 장기적인 이점을 뒷받침하는 여러 연구가 있지만, 이러한 이점이 언제나 시대적으로 인정받는 것은 아니다. 느린 성장 또는 마이너스 성장이 이어지는 상황에서 이주 노동자들이 유입되거나 임금이 낮은 국가에서 오프쇼어링(기업이 비용을 절감하기 위해 해외에서 생산하는 것-옮긴이) 생산을 하게 되면 사람들은 일자리를 '도난' 당했다고 생각한다. 이러한 반응은 특정 부문에 제한되지 않으나 일반적으로 정규 교육을 마치지 못했거나 경쟁력 있는 기술을 가지지 못한 사람들에게서 두드러지게 나타난다.

그림 31 | 학력에 따른 실업률, 미국

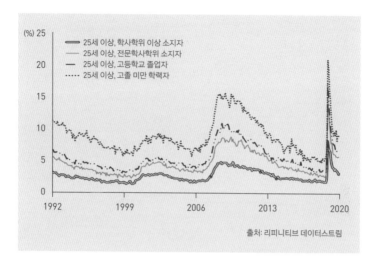

출처: 리피니티브 데이터스트림

　사회에서 이 문제에 가장 예민하게 반응하는 이들은 고등학교를 마치지 못한 노동자들인데, 실업률이 높은 편이고 경제활동에 민감하기 때문이다. 세계 금융위기 이후 여러 나라에서 포퓰리즘 정치인이 늘어난 것은, 전문 기술이 없는 노동자의 실질 소득이 크게 성장하지 못한 것과 관련이 있다.

　미국을 예로 들면 노동 집단 간 소득 격차가 점점 명백하게 벌어지고 있다. 대부분 노동 인구의 실질 소득은 지난 40년간 매우 느리게 성장했다. 하지만 최상위 소득집단에서는 달랐다. 하위 90% 소득자는 지난 40년 동안 소득이 겨우 25% 늘어난(게다가 소득 증가

그림 32 | 근로계층의 차등적 소득 증가 추이, 미국

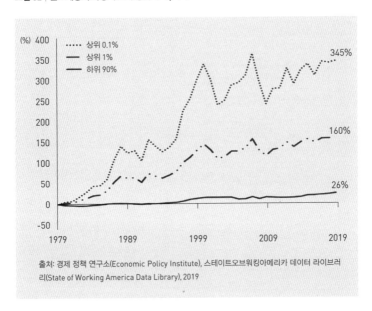

출처: 경제 정책 연구소(Economic Policy Institute), 스테이트오브워킹아메리카 데이터 라이브러리(State of Working America Data Library), 2019

는 대부분 2000년도 이전에 이루어졌다) 반면 상위 0.01% 소득자들의 소득은 그들에 비해 15배나 빠르게 증가했다. 전체 노동 인구 중 소득이 가장 낮은 집단의 실질 소득은 거의 성장하지 않았다.

민족주의 포퓰리즘이 발전하는 데 힘을 보탠 요소는 여러 가지가 있겠지만, 도널드 트럼프가 대통령으로 선출된 사례를 보면 부진한 임금 상승률과 불안정한 고용 시장이 이 현상의 근본 원인이라는 사실을 알 수 있다.

그림 33 | 노동자의 실질 시급 변화, 임금 백분위 수(1979-2019)

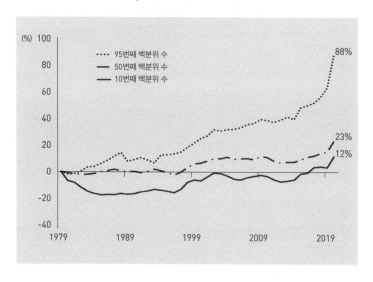

이민자들에 대한 반발은 북미에서만 일어나는 일이 아니다. 영국의 브렉시트에 대한 국민투표나 세력을 넓혀가는 유럽 우파 민족주의 정당들을 통해서도 이민자에 대한 반발을 엿볼 수 있다. 그러므로 인구가 다시 자유롭게 이동할 수 있게 되어 느린 경제 성장세가 예전과 같은 수준을 찾으려면 시간이 걸릴 것이다. 이민자에 대한 반발이 지속될수록 노동 시장은 점점 좁아질 것이며 인플레이션 압박이 심해지고 특정 상품과 서비스에 대한 공급은 더욱더 제한될 수밖에 없다.

생산성

1990년대 세계 경제 시장이 문을 활짝 연 이후부터 지금까지 무역, 인구 및 인구 이동은 경제 성장에 뒷받침이 되어주었다. 하지만 모든 정황을 종합해 볼 때, 이제는 상황이 바뀌었다. 이제까지 순풍으로 불었던 바람은 곧 역풍이 될 것이다.

앞으로 20~30년간 경제가 실질적으로 끊임없이 성장하기 위해서는 생산성을 높이는 수밖에 없다. 하지만 불행히도 생산성 흐름을 설명하는 작업은 경제 전문가들에게 어려운 숙제다. 생산성을 정의하고 측정하기는 기술적으로 매우 어렵기 때문이다.

예를 들어 제품의 품질과 기능이 지속적으로 빠르게 향상될 때 생산성을 어떻게 측정할 수 있을까? 휴대전화부터 반도체, 자동차에 이르기까지 세상에 존재하는 상품이 엄청나게 많다는 것만 생각해도 제품의 기능이 빠르게 변화할 때 생산성 향상의 정도를 측정하기가 얼마나 어려울지는 짐작할 수 있을 것이다.

마찬가지로 새로운 기술이 소개되어 생산성에 영향을 미치기까지는 시간이 걸린다. 이런 주장을 미국의 경제학자 로버트 솔로우Robert Solow의 이름을 따서 솔로우의 역설Solow Paradox이라고 부른다. 그는 1987년 다음과 같은 말을 남겼다. '세상 어느 곳에서나 컴퓨터의 시대가 열렸는데, 생산성 통계에서만 변화가 나타나지 않는다.'*

최근의 한 연구에 따르면 '여러 경제 연구가들은 1990년 중반까지 IT가 미국의 경제 성장에 엄청나게 기여했다고 인정한다'**고 한다. 이렇듯 기술이 발전하면서 높아지는 생산성은 단기 경제 성장 데이터 집계에 더디게 반영된다.

지난 10년 동안 기술이 비약적으로 발전했으니 앞으로도 생산성이 높아지리라는 생각은 논리적인 것처럼 보인다. 헬스케어 산업을 예로 들면 특허가 만료되고 저렴한 복제약과 경쟁하게 되면서 2000년 이후 생산성이 떨어지기 시작했다. 하지만 최근 유전자에 대한 이해가 엄청나게 높아지면서 특정한 조건에서 효과적으로 작용하는 여러 약을 생산할 수 있었고, 과거와 비교해 생산 속도도 엄청나게 빨라졌다. 제약회사에서 단 몇 주일 만에 코로나19에 맞

---

* Solow, R., 1987. Book Review. New York Times, p.36

** Brill, M., Chansky, B. and Kim, J., 2018. 'Multifactor productivity slowdown in U.S. manufacturing'. Monthly Labor Review, U.S. Bureau of Labor Statistics, July.

는 효과적인 백신을 생산할 수 있었던 것도 기술 발전 덕분이었다.

정보 기술을 통해 우리가 가장 큰 혜택을 보는 분야 중 하나는 최저가 검색 기능이다. 인터넷 가격 비교 사이트를 이용하기가 쉬워지면서 소비자가 여러 판매자의 물건을 둘러보고 더 좋은 가격을 찾을 수 있게 되자 기업에서는 가격에 프리미엄을 붙이기 어렵게 되었다. 더 저렴하게 더 많은 물건을 살 수 있게 되면서 소비자의 편의는 높아졌다.

기술 발전의 예시가 이렇게 긍정적인데도 불구하고 생산성이 가속화될 조짐은 거의 보이지 않는다. 공식적인 통계에 의하면 심지어 생산성이 떨어진 분야도 있다. 이런 현상을 어떻게 설명해야 할까? 어떤 이들은 투자가 충분하지 않은 현실과 함께 기업 고위 경영진들이 새로운 성장 기회에 투자하기보다 자사주 매입을 선호할 수밖에 없는 수익 구조가 왜곡된 효과를 불러왔기 때문이라고 설명하기도 한다.

또 다른 이들은 최근 기술의 발전이 인상적이기는 하지만 19세기 말과 20세기 초(비행기, 기차, 자동차, 전화기 등)*보다 혁신적이지는 않다고 이야기하기도 한다. 논쟁은 계속되고 있다.

---

* Gordon, R., 2016. The Rise and Fall of American Growth. Princeton and Oxford: Princeton University Press.

표 3 | 노동 생산성 및 경제 성장, 미국

	1인당 생산량 증가율	실질 GDP 성장률
1950년대	3.0	4.1
1960년대	2.1	4.2
1970년대	1.7	3.3
1980년대	1.7	3.2
1990년대	2.5	3.3
2000년대	2.5	1.8
2010년대	0.4	2.1

* 노동 생산성, 비금융 기업 기준, 시간당 생산량
출처: 미국 노동부 노동통계국

중요한 사실은, 현재 개선된 생산성을 바탕으로 새로운 경제 성장 기적을 누릴 수 있을 것 같지가 않다는 것이다. [표3]은 1950년대 이후 수십 년간 미국의 평균 생산성(1인당 생산량)을 대략적으로 측정한 수치를 GDP와 비교해 보여주는 데이터다. 그동안 기술이 발전했는데도 불구하고 생산성 성장률은 약 2~2.5% 범위에 머무르고 있다. 최근 10년 동안은 세계 금융위기의 영향으로 인터넷과 관련된 기술의 발전이 물거품이 되었으므로 예외로 보아야 할 것이다. 주목할 점은 코로나19 이후 경기가 반등하리라는 기대는 할

그림 34 | 감소하는 생산성 증가율

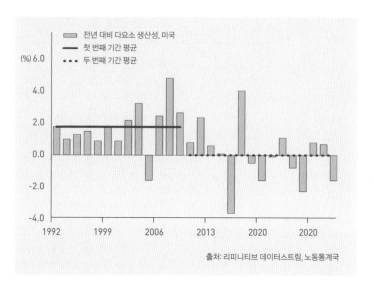

전년 대비 다요소 생산성, 미국
첫 번째 기간 평균
두 번째 기간 평균

출처: 리피니티브 데이터스트림, 노동통계국

수 있지만 그렇다고 하더라도 재정 상황이 나아질 기미는 거의 보이지 않는다는 것이다.

　이러한 정황을 통해 확실히 알 수 있는 사실은 생산성이 얼마나 증가했건, 기존의 노동자들이 누릴 수 있는 이점은 매우 작다는 것이다(그림 35). 대신 자본가들이 (아마도 오프쇼어링 생산을 맡게 된 개발도상국의 노동자들도) 혜택을 누렸다. 결국, 선진국에서는 대다수 노동자와 사회 특권층의 자산 격차가 더욱 뚜렷해지게 되었다. 이러한 상황에서 불평등에 대한 의식이 커지자 문제를 해결하기 위해 정부

그림 35 | 생산성 성장으로부터 혜택을 누리지 못하는 노동 계층

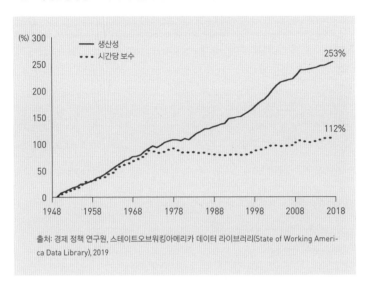

출처: 경제 정책 연구원, 스테이트오브워킹아메리카 데이터 라이브러리(State of Working America Data Library), 2019

의 정책적인 간섭이 필요하다는 인식이 널리 퍼지게 되었다.

경제 성장에 관한 마지막 내용은 지구 온난화에 대한 대응의 필요성이 점점 절박해지는 현재의 상황과 관련이 있다. 산업 혁명이 시작된 이후 세계는 경제 성장의 결과로 발생하는 환경오염과 관련된 부정적인 외부효과에 대처하기 위해 (대부분 실패로 끝이 나기는 했지만) 씨름해왔다. 기름 유출 같은 재해를 복구하는 경우를 제외하면 이제까지 오염을 유발한 기업이나 국가에서는 환경에 대한 자신들의 영향을 책임지기 위한 비용을 회피할 수 있었다.

농업, 제조업, 운송업 등 어느 분야에서나 성장을 우선으로 생각한다. 기후 변화로 인한 위기가 심각하다는 과학적인 증거는 압도적이다. 구제 조치에 대한 반응이 나타나는 데는 시간이 걸리겠지만, 머지않아 필요한 조치가 취해질 예정이다. 전기차를 이용하거나 탄소 배출권을 거래하려는 움직임은 이제부터 펼쳐질 조처의 미리보기라 할 수 있다.

한 마디 덧붙이자면, 기후 변화 효과를 감소하기 위해 노력하는 동안 여러 투자 기회가 생길 것이다. 이러한 기회가 가진 잠재력은 폭발적이다. 투자자들은 탄소 중립을 지키거나 탄소 감축 사업에 힘쓰는 기업들을 지지해야 하는 압박과 계속해서 마주해야 할 것이다. 탄소 감축 산업은 아직 시작 단계이고, 현재 자금을 공급할 잠재적인 투자자는 부족한 상황이다.

투자자들은 요즘처럼 자본비용이 낮을 때는 더더욱, '푸른 하늘'이 계속되리라는 관점으로 비판적인 판단을 미룬다. 역사적으로 보면* 공급은 언제나 급증하는 수요에 대응해왔다. 이러한 흐름은 벌써 시작되었다. 분명히 이 분야에서 수익을 거둘 승자가 나타나겠지만, 그 전까지는 조심성 없는 투자자들을 노리고 사업을 시작

---

* Nairn, A., 2018. Engines That Move Markets: Technology Investing from Railroads to the Internet and Beyond. 8th ed. Petersfield: Harriman House.

하는 비양심적인 기업가들과 실패한 투자자들이 수없이 탄생할 것이다.

　오염을 반드시 줄여야 하기는 하지만 부정적인 외부 효과에 비용이 들기 시작하면 GDP 성장에는 거의 도움이 되지 않을 것이다. 대체 에너지 및 이에 필요한 인프라에 들어가는 비용은 현재 널리 사용되고 있는 탄화수소 기반 에너지에 드는 비용보다 낮지만, 변화가 일어나려면 시간과 자본이 든다. 꽤 오랫동안 단기적인 영향은 생산성 성장과 수익성을 약화시킬 것이다. 재정적인 투입을 하지 않는다면 탄소 중립 계획이 실행되기 전보다 GDP 성장률이 낮을 가능성이 크다.

앞으로의 경제 성장

인구, 무역, 인구 이동 흐름이 점차 도움이 되는 방향으로 바뀌지 않고 그 영향에 따라 생산성이 늘지 않는다면 앞서 이야기한 두 가지 문제, 즉 과도한 자산 밸류에이션과 어마어마한 부채 문제를 구제하고 해결할 수 있을 만큼의 높은 경제 성장률을 달성하기는 힘들 것이다. 물론, 어느 정도의 실질적인 성장이 있을 수도 있겠지만, 지금처럼 재정 과잉이 명백한 상황으로 우리를 이끈 불균형 문제를 해결하기에 과연 충분할까? 그럴 가능성은 거의 없어 보인다.

역사를 되돌아보자. [그림 36]은 세계대전 후 현재까지 미국의 GDP 실질 성장률을 보여준다. 지나치게 간소화된 데이터일지라도 2000년도 이전, 경기가 이미 하락하는 추세로 접어들었을 때도 성장률은 3.5%대였다. 그리고 2000년도 이후 실질 성장률은 훨씬 낮아졌고, 평균 2%대가 되었다. 이는 앞서 언급한 인구 및 기타 요인이 장기적으로 변화한 시점과도 일치한다.

그림 36 | 실질 GDP 성장률 감소 추세

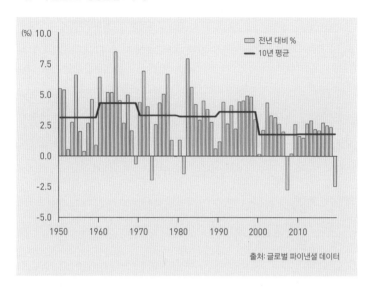

출처: 글로벌 파이낸셜 데이터

향후 성장률과 실질 금리를 예측하고 싶다면 위와 같은 역대 기록을 활용하면 된다. 낙관적으로 전망하면 3%도 가능하다고 하지만, 그러려면 앞서 이야기한 감소 추세에 역행해야만 한다. 4% 성장률을 달성한다면 근대 경제사에서 최고 수준을 기록하는 셈인데, 이렇게 되려면 생산성이 세계대전 이후 수준으로 증가해야 한다. 최근 추세로 미루어보면 장기적인 수치는 2%대에 머무를 확률이 높다. 초단기적으로는 코로나바이러스에서 경제가 회복되면서 수치를 예측하기가 힘들어졌다. 정부의 다양한 지원 정책으로 가계 현금 보유액은 기록적인 수준이 되었다. 덕분에 작은 소비 붐이 일어나 경제 성장에 도움을 주었다. 이런 상황이 영원히 지속되지는 않겠지만, 상황이 끝나기 전까지는 자산시장에 대한 신뢰가 계속 유지될 것이다.

가계에서 보유한 현금이 많아지는 동안 정부는 그 어느 때보다도 막대한 재정 적자를 부담하게 되었다. 향후 자산 가격이 상승하리라는 주장을 지지하는 또 다른 근거는 높은 자산 가격과 낮은 부채 비용 덕분에 늘어난 부로 인해 시장에 대한 신뢰가 높다는 것이다. 이 주장에 따르면 선진국 경제에서 소비는 가장 중요한 요소이므로 현재 정부의 정책 방향은 시장에 대한 신뢰를 높이고 가계 지출을 늘리며 경제 침체 가능성을 낮춘다. 마치 꼬리잡기처럼 반복되는 주장이다.

Chapter 6

향후 시장 시나리오

현재의 불마켓은 수익이 증가해서가 아니라 밸류에이션이 확장되었기 때문에 만들어졌다는 뜻이다. 전후 평균을 적용한 S&P 수준이 되기 위해서는 S&P가 현재 수준에서 45% 하락해야 한다. 이는 우연이 아니라 닷컴 버블이 터졌을 때의 주가 하락 정도와 거의 정확히 일치한다.

역사로부터 얻은 교훈

S&P가 역사적으로 어떤 움직임을 보였는지 살펴보면 많은 것을 알 수 있다. [그림 37]은 S&P500의 실적과 함께 주가수익비율PER 평가가 일정하게 유지되었다는 가정 아래 지수의 예상 수준을 보여준다. 수치를 단순화하기 위해 두 가지 주가수익비율 가정, 즉 전후 시대(제2차 세계대전 이후 1940~1950년대) 밸류에이션 평균과 1980년 이후부터의 밸류에이션 평균을 사용했다.

흥미로운 것은 1980년까지(그리고 전후 대부분의 시기에) 지수가 상승한 이유는 밸류에이션이 확장되어서가 아니라 실제로 수익이 성장했기 때문이었다. 밸류에이션은 투자자의 심리 변화에 따라 오르락내리락했지만, 시간이 지나면 변함없이 역대 평균 수준으로 돌아갔다. 닷컴 버블은 최근에 발생한 주목할 만한 예외인데, 수익은 늘지 않은 채 주가만 엄청나게 올랐고 그 과정에서 밸류에이션은 하늘 높은 줄 모르고 치솟았다.

인터넷의 파괴적인 영향에 관한 주장은 정확했지만, 주가가 오를수록 투자자들은 잠재력을 가진 회사에 점점 더 무분별하게 투자하기 시작했고, 기업의 수익과 밸류에이션에 덜 회의적으로 변했다. 인터넷과 조금이라도 연관이 있는 기업은 밸류에이션에 프리미엄이 붙었다. 마침내 현실이 드러났고 주가는 2002~2003년 베어마켓 속에서 제자리를 찾았다. 닷컴 버블 시기에는 개인용 컴퓨터를 올려놓을 수 있는 책상을 만드는 가구 회사에까지 투자가 이루어졌다.

주가가 하락하자 탄탄하지 못한 기업들이 걸러졌고, 노골적인 사기 행각도 드러났다. 하지만 이 과정에서 투자자들은 남아있는 기업들을 조사하고 인터넷 산업에서 누가 장기적인 승자가 될지 고를 수 있게 되었다. 투자자들이 수확을 거둔 시기는 버블이 발생한 당시가 아니었다. 당시 수익은 시장이 붕괴하면서 증발했다.

버블이 터진 후 다시 투자를 시작할 만큼 충분한 유동성을 가지고 있던 투자자들은 지속적으로 수익을 축적할 수 있었다. 세계 금융위기 이후 지금까지의 수익 성장률과 밸류에이션 차이는 닷컴 버블이 일어났을 때와 규모가 비슷하다. 현재 S&P 500은 주가수익비율이 장기 평균보다 2배 높은 수준에서 거래되고 있다.

이를 통해 주식시장에서 가격이 너무 높게 책정되고 있다는 사

그림 37 | **주가수익별 S&P**

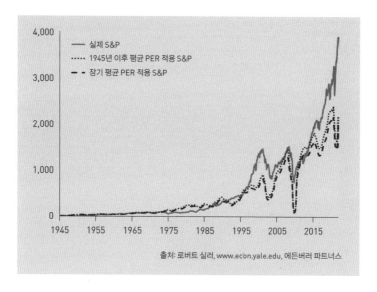

출처: 로버트 실러, www.econ.yale.edu, 에든버러 파트너스

실을 알 수 있다. 기술 산업에서 장기적인 승자가 없었다거나 새로
탄생하지 않을 것이라는 뜻은 아니다. [그림 37]을 살펴보면 오늘
날의 밸류에이션 수준에서 S&P의 주가는 50% 가까이 떨어질 수
있으며 그렇게 되어야 겨우 장기 평균 수준이 된다는 사실을 확실
히 알 수 있다.

　최근 우리가 경험한 팬데믹과 그에 따른 전례 없는 경제 위기를
굳이 따지지 않더라도 1년 단위 수익을 바탕으로 한 밸류에이션은
경기 주기에 영향을 받을 수 있어 신뢰하기가 힘들다. 여기에서 10

그림 38 │ S&P 경기조정주가수익비율(실러) 주가수익(PE)

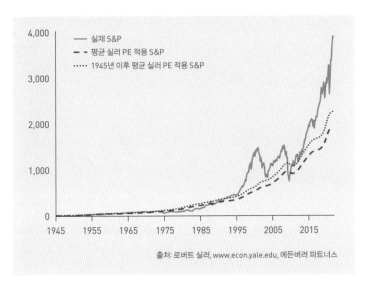

출처: 로버트 실러, www.econ.yale.edu, 에든버러 파트너스

년 평균 수익을 사용하는 실러 주가수익비율 또는 경기조정주가수익비율이 다시 한번 유용하게 쓰인다. 하지만 이 수치 역시 매우 비슷한 그림을 보여준다. 즉, 현재의 불마켓은 수익이 증가해서가 아니라 밸류에이션이 확장되었기 때문에 만들어졌다는 뜻이다.

여기에서 중요한 핵심은 다음과 같다. 전후 평균을 적용한 S&P 수준이 되기 위해서는 S&P가 현재 수준에서 45% 하락해야 한다. 이는 우연이 아니라 닷컴 버블이 터졌을 때의 주가 하락 정도와 거의 정확히 일치한다. 과거 경기조정주가수익비율이 장기 평균보다 낮게 거래되었을 때 인플레이션율이 4% 이상으로 유지되었다는 사실은 반기기가 힘들다. 따라서 인플레이션을 다시 문제 삼는다면 오버슈트(overshoot, 주식, 환율, 물가 등이 단기간에 가격이 급등하는 현상-옮긴이)가 발생할 위험이 있다.

로그 스케일로 표시한 다음 페이지 [그림 39]의 실러 주가수익비율을 통해 역대 기록을 좀 더 정확하게 비교할 수 있다. 로그 그래프에서는 지수 수치의 절대적인 상승과 하락뿐만 아니라 가격의 변화 비율도 나타낼 수 있다. 그래프에는 밸류에이션이 수익률을 부풀렸던 기간이 강조되어 있다. 또한, 인플레이션이 고조되어 주식 밸류에이션이 역대 평균보다 낮은 상태로 거래되었던 1970년대도 강조 표시되어 있다.

S&P 지수가 거의 반 토막이 나야 경기조정주가수익비율이 역대 평균 수준(수익에는 변함이 없다는 가정하에)으로 돌아갈 수 있지만, 다른 시나리오로 수익률이 빠르게 성장하는 방법도 있다. 이 시나리오에서도 주가수익비율 및 경기조정주가수익비율은 모두 장기 평균 수준에 조금 더 가까워질 것이다. 그렇다면 수익률이 얼마나 성장해야 할까? 분명한 답을 낼 수 있는 질문이지만, 그러려면 미래 경제 성장률을 좀 더 넓은 범위에서 가정해 보아야 한다.

GDP 성장률과 수익의 관계, 그리고 GDP와 인플레이션에 대한

그림 39 | S&P 실러 PE: 로그 스케일

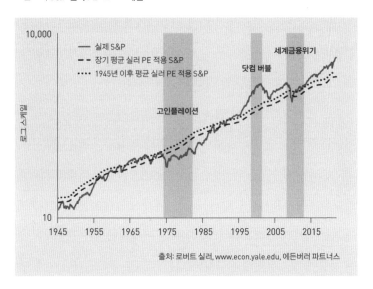

출처: 로버트 실러, www.econ.yale.edu, 에든버러 파트너스

현실적인 예측이 주어지면 앞으로 미국 주식시장의 경기조정주가
수익비율이 여러 시나리오 안에서 어떻게 흘러갈지 간단하게 계산
할 수 있다. 경기 순환 주기에 따른 변동을 충실하게 반영하지는 않
지만, 미국의 GDP와 주당순이익은 꽤 안정적인 관계를 유지하고
있으며 기업의 수익 성장률은 GDP 성장률의 1.5~2배다.

　시나리오를 분석하기 위해 2021년과 2022년의 주당순이익
은 코로나바이러스의 여파에서 꾸준히 회복할 것으로 가정했다.
2021년 추정치는 2019년 코로나바이러스가 창궐하기 전보다

21% 높으며, 2022년에는 2021년보다 7.5% 높을 것으로 추정했다. 이런 가정은 2021년 5월 현재, 가장 낙관적인 경기 전망에서 일관되게 나타난다. 2023년 1년에 대한 가정은 코로나19로부터의 지속적인 회복에 따라 다양하게 적용했다.

그 이후에는 '장기' 평균 GDP 성장률이 사용된다. 2%, 3%, 4%까지 다양한 가정이 존재하는데, 지난 20년 동안 기록된 수치보다 약간 높은 수준부터 1950년 이후 달성한 가장 높은 평균 수치보다 약간 높은 수준 사이의 수치들이다. 이러한 가정은 기본적으로 연방준비제도 이사회, 의회 예산국과 민간 부문의 '매도측' 전망에서 제공한 수치를 바탕으로 한다.

수익 가정에 앞서 과거 흐름을 이해할 수 있도록 다음 페이지 [그림 40]에서 수익 가정 로그 그래프 세 가지를 살펴보자. 이 그래프는 가정이 얼마나 현실적인지 검증하는 데 사용할 수 있다. 그래프에서는 장기 평균보다 높은 변화율로 수익이 꾸준히 성장하는 모습을 확인할 수 있다. 이러한 가정들이 지나치게 비관적이라고 이야기할 수는 없을 것이다.

2023년 실질 성장률을 3%, 그 후에는 각각 연간 2%, 3%, 4%라고 가정해 보자. 눈에 띄는 사실은 미국의 경기조정주가수익비율이 다시 평균에서 1표준편차 범위 안으로 들어오려면 5년이 걸린

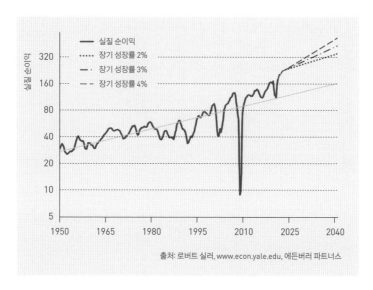

출처: 로버트 실러, www.econ.yale.edu, 에든버러 파트너스

다는 것이다. 가장 낙관적으로 가정해서 순수하게 수익 성장만으로 미국의 경기조정주가수익비율을 장기 평균 수준으로 돌려놓으려면 10년이 걸린다.

놀랍지 않게도, 결과는 가까운 미래의 수익 가정에 따라 달라지는데, 낙관적이기보다는 비관적인 결과를 증명한다. 확실한 것은 기업에서 수익을 늘려 밸류에이션을 역대 평균 수준으로 되돌릴 시간이 있다고 하더라도 그렇게 되면 주식에 투자한 사람들은 다음 10년 동안 실질적으로 아무런 이익도 얻지 못할 것이다. 시장

그림 41 | **실질 GDP 성장률을 2%, 3%, 4%라고 가정했을 때 경기조정주가수익비율, 미국 경기조정주가수익비율(실질)**

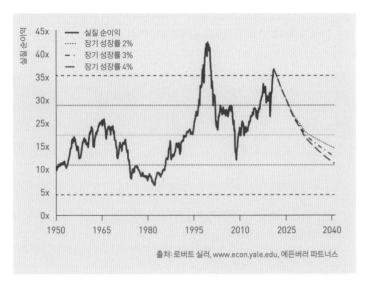

그림 41 | **실질 GDP 성장률을 2%, 3%, 4%라고 가정했을 때 경기조정주가수익비율, 미국 경기조정주가수익비율(실질)**

출처: 로버트 실러, www.econ.yale.edu, 에든버러 파트너스

참여자들의 기대와는 거리가 먼 실망스러운 결론이다.

경기조정주가수익비율 그래프는 각 장기 GDP 실질 성장률 가정에서 얻은 주당순이익을 바탕으로 경기 주기를 고려해 산출한 주가수익비율의 흐름을 보여준다. 실질 GDP 성장률 2%, 또는 좀 더 확장해 3%는 지금까지의 GDP 성장률로 판단했을 때 기대할 수 없는 정도는 아니다. 하지만 성장률이 4%에 도달한다면 앞에서 살펴본 경제 성장을 가로막는 구조적인 방해 요소들이 없었다고 하더라도 이례적인 일이 될 것이다.

만에 하나 4%를 달성하더라도 투자자들에게는 장애물이 있다. 수익을 얻기 위해 10년을 기다려야 한다면 투자자들이 과연 만족할까? 이렇게 낙관적인 전망을 설득하려면 지금과 같은 밸류에이션이 지속되거나 심지어 확장될 수 있다고 이야기하거나, 앞서 언급했던 표현처럼 우리가 '영원한 안정기에 이르렀다'고 주장하는 수밖에 없다.

다른 관점으로 분석하면, 우리는 다음과 같은 의문을 가질 수 있다. 기업의 수익을 통해 S&P 지수를 적절한 수준으로 조정하는 방법 말고, S&P 밸류에이션이 10년보다 빨리 역대 평균에서 1표준편차 범위 안으로 들어오도록 만들려면 어떻게 해야 할까? 답은 명확하다. 우리가 2002~2003년과 2007~2009년 동안 목격했던 것과 비슷한 수준으로 베어마켓이 지속되면 된다.

달리 말하면, 현재 어떤 합리적인 분석에서 내놓은 밸류에이션도 성장이 제한되고 정부 부채가 엄청나게 쌓인 현재 상황과는 맞지 않는다는 뜻이다. 경제가 어느 날 기적적으로 성장하지 않는 이상 주식시장은 대대적으로 조정될 수밖에 없다. 시장이 공황 상태에 빠질 조짐이 보일 때마다 구제책을 마련하는 '중앙은행 풋$_{put}$'의 존재 때문에 시장 밸류에이션은 역대급으로 높은 수준으로 유지되고 있다.

이렇게 되면 중앙은행은 매우 어려운 위치에 놓이게 된다. 경제가 호황일 때 정부가 계속 시장에 간섭할 명분이 있을까? 경제가 과열되고 인플레이션율이 굳어질 때 어떻게 통화 완화 정책을 유지하면서 시장의 신뢰 또한 잃지 않을 수 있을까?

반대로 경제가 약해지고 채무불이행 상태가 시작되면 새로운 간섭이 2008년 시장 붕괴의 원인이기도 했던 부채 위기를 촉발한 불량 채무자나 부실 대출 관행을 돕는 꼴이 되어 도덕적 비난을 받지 않을까? 이를 어떻게 피할 수 있을까?

하지만 정책 입안자들이 가까운 시일 내에 '중앙은행 풋'을 철회할 기미는 보이지는 않는다. 2020년, 코로나19로 인해 세계 경제가 완전히 무너져 정부 부채가 엄청나게 늘고 채권과 주식시장이 모두 가파르게 하락했지만, 정책 입안자들이 시장의 뒷받침이 되어주리라는 믿음을 바탕으로 시장은 회복되었다. 채권 수익률은 제자리를 찾았고, 미국 주식시장은 2020년 말까지 하락한 가격을 회복한 정도가 아니라 사상 최고치를 경신했다.

이 분석에서 마지막으로 가져야 할 의문은 간단하다. 이렇게 부실한 밸류에이션이 얼마나 오래갈 수 있을까? 어떻게 보면 '중앙은행 풋'은 카드 속임수와 같은 환상이다. 2013년 벤 버냉키가 양적완화를 점진적으로 철회하겠다고 발표하자 발생한 긴축 발작은 현재의 밸류에이션이 얼마나 연약한지를 보여준다. 그 후 중앙은행의 대차대조표가 얼마나 빠르게 확장되었는지를 고려하면 앞으로 중앙은행에서 정책을 변경하려 할 때 시장이 2013년보다 덜 부정적인 반응을 보일 리는 없어 보인다.

Chapter 7

과거로 보는
미래

1950년대 이후 사람들이 주식에 관심을 두기 시작한 이유는 기업의 실적과 수익이 성장했기 때문이었고, 그렇다면 오늘날에는 더 높은 수익률을 기대할 수 있다는 이야기다. 하지만 당시와 현재 상황에는 큰 차이점이 두 가지 있다. 하나는 상장 회사들의 수익성이 역대급으로 높은 수준이어서 앞으로 더 상승할 수 있는 여지가 별로 없다는 것이다.

과거의 자산 가격을 보라

평균 회귀Mean-reversion(가격이나 수익률이 오르락내리락하다 결국은 평균에 가까워지는 현상-옮긴이)는 투자자들에게 정신적 지주처럼 작용한다. 하지만 하나의 기업을 놓고 이런 가정을 하면 상당한 오해가 발생할 수 있다. 예를 들어 기업의 미래 수익을 정확히 추정하려면 미래가 과거와 같은 흐름을 보여야 의미가 있다. 상장 기업의 평균 수명이 고작 20년 남짓인 혁신과 경제적 다원주의를 추구하는 요즘 같은 세상에서는 확신할 수 없는 가정이다.

전체 시장 수준에서 보면 승자와 패자의 사례가 상쇄되므로 훨씬 믿을 만한 결론을 얻을 수 있다. 과거를 바탕으로 이야기하면, 주식에서 장기 실질 수익률은 서서히 변화하는 여러 요인에 의해 결정된다. 앞선 분석에서 경제 성장에 긍정적인 뒷받침이 되어주었던 여러 구조적 요인들이 변곡점을 지나 흐름을 바꾸기 시작했다는 사실을 알 수 있었다.

그림 42 | **누적 실질 채권 수익률, 미국(1945년=100)**

출처: 바클레이즈 채권 자산-채권 연구보고서, 2020년

자산 가격이 어떤 방향으로 나아갈지 예측하려면 역대 밸류에이션 상태를 알아보는 것이 가장 논리적일 것이다. 생산성이 갑자기 증가하지 않는 이상 경제 성장이 20세기 후반부 수준으로 돌아갈 수는 없을 것이다. 불가능하지는 않지만 이런 상황이 일어날 가능성은 거의 없다고 봐야 한다. 그렇다면 주식시장에서 장기적인 실질 수익이 앞으로도 지금과 같으리라는 가정은 무모하다고 할 수 있다. 그렇다고 수익이 오를 일도 없을 것이다.

바클레이즈Barclays에서 발간하는 연간 자산-채권 연구보고서Equity

그림 43 | 10년 만기 채권 명목 수익률, 미국

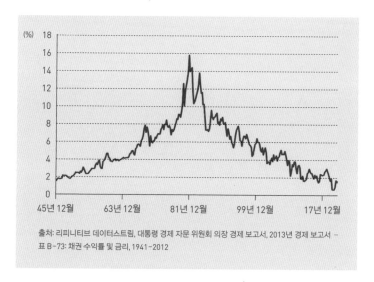

출처: 리피니티브 데이터스트림, 대통령 경제 자문 위원회 의장 경제 보고서, 2013년 경제 보고서 –
표 B-73: 채권 수익률 및 금리, 1941-2012

Gilt Study[*]는 수익률에 관한 정보를 찾을 수 있는 좋은 자료다. 1920
년대 중반 데이터부터 제공하고 있어 수익률의 장기적인 흐름을
확인할 수 있다. 마지막으로 미국 부채 수준이 지금과 비슷했던 때
는 제2차 세계대전이 끝난 직후였다. 전후부터 1980년대 중반까
지 채권자들의 수익은 오르락내리락하다 결국 바닥을 쳤고, 큰 교
훈을 주었다.

---

* 2021. Equity Gilt Study. London: Barclays.

그림 44 │ 미국 부채/GDP

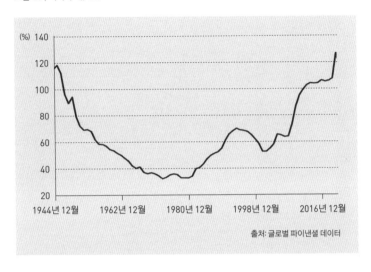

출처: 글로벌 파이낸셜 데이터

그림 45 │ 미국 소비자물가지수(CPI)

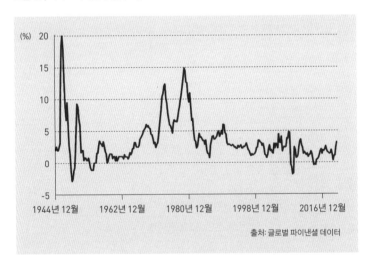

출처: 글로벌 파이낸셜 데이터

[그림 42]에서는 GDP 대비 부채 수준이 현재와 비슷했던(그림 44 참조) 1945년부터 미국 채권 소유자들이 거둔 누적 실질 수익률을 보여준다. 구매력이 심각하게 떨어졌던 1970년대를 포함해 이 기간에 투자 채권의 수익률이 얼마나 형편없었는지 확인할 수 있다. 높은 인플레이션은 폴 볼커가 연준에서 활약하기 시작한 이후에야 진정이 되었다. 역대 인플레이션 추세는 [그림 45]에서 자세히 확인할 수 있다.

그래프 내용을 요약하면 다음과 같다.

- 1945년 인플레이션율은 2.3%였고(2020년 말, 1.3%) 10년 만기 채권 수익률은 2.36%였다(2020년 말 0.9%).
- 1945년 GDP 대비 부채 비율은 종합적으로 오늘날과 비슷한 수준이다. 이 비율은 앞으로 계속 증가할 것으로 보인다.
- 1945년부터 40년 후인 1986년까지 채권을 가지고 있던 투자자들만 플러스 실질 수익을 거뒀다.
- 미국 채권을 1945년부터 1980년까지 35년 동안 가지고 있었던 채권자들은 실질 수익률 마이너스 60%를 경험했을 것이다.
- 수익률이 다시 플러스로 돌아선 것은 폴 볼커의 지휘 아래 연

준에서 인플레이션을 잡기 위한 정책을 펼친 결과였다.

결과적으로 무려 30년 동안 채권은 투자자들에게 안전한 피난처가 되어주지 못했으며 암울한 수익을 기록했다. 투자를 시작한 시점의 명목 수익률이 낮았던 데다 전쟁 직후 급격히 치솟았다가 수년간 낮게 유지되던 인플레이션이 1960년대 후반부터 다시 가파르게 상승하기 시작해 1970년대 지독한 베어마켓 속에서 정점을 찍었기 때문이었다.

채권:
끓는 물 속의 개구리

서서히 끓는 물 속에서 삶아지는 개구리 이야기를 들어본 적이 있을 것이다. 개구리를 끓는 물에 바로 넣으면 물 밖으로 튀어 오르지만, 차가운 물에 넣고 천천히 끓는점에 도달하도록 하면 몸이 마비되는 것을 깨닫지 못한 채 결국 죽게 된다는 이야기다. 생물학적으로 사실인지를 떠나 세계대전 이후의 채권 시장을 설명하기에 꼭 어울리는 비유다.

막대한 정부 부채를 해소할 때의 핵심은 인플레이션 또는 인플레이션에 대한 두려움으로 부채 비용을 늘려 인플레이션의 영향을 상쇄하지 않도록 하는 데 있다. 여기에서 이야기하는 인플레이션의 영향은 인플레이션으로 구매력이 손실된 정부의 지출을 메꿔주는 채권 투자자들의 영향을 의미한다. 이를 위해 정부에서 적용할 수 있는 다양한 수단이 있는데, 이러한 수단을 통틀어 '재정억압 financial repression(정부가 금융시장에 개입해 시장을 억압하고 왜곡하는 현상-

옮긴이)'*이라고 부른다.

부채를 효과적으로 감소하기 위한 재정억압에 성공한다면 그 영향은 아주 강력하다. 예를 들면, 1946년에서 1955년까지는 인플레이션의 영향으로 미국의 GDP 대비 부채 비율이 약 40% 줄었다고 한다.**

---

* McKinnon, R., 1973. Money and Capital in Economic Development. Washington, D.C.: Brookings Institution.

** Aizenman, J. and Marion, N., 2009. Using inflation to erode the U.S. public debt. National Bureau of Economic Research: NBER Working Paper Series.

남은 선택지가 채무불이행밖에 없을 때, 재정억압은 거의 완벽한 수단처럼 보인다. 게다가 이것은 정치적인 대립을 일으키지 않고 은밀하게 적용할 수 있다는 장점도 있다.

그렇다면 재정억압의 원리는 무엇일까? 재정억압 정책은 부채 비용을 억제하는 동시에 인플레이션을 통해 점점 원금의 가치가 잠식되도록 한다. 이런 과정을 가능하게 만드는 데 무엇이 필요한지는 명확하다. 첫 번째로 국내 자본의 규모가 충분하다면 정부에서 금리를 독단적으로 발표하면 된다.

두 번째로 정부가 채권 가격과 금리를 설정하는 데 직접 개입할 수도 있다. 세 번째로 정부는 금융 기관과 연기금에서 정부 부채를 더 많이 보유하도록 강요해 국내 자본 규모를 늘리도록 규제할 수 있다. 이를 '건전성 규제 prudential regulation'라고 부르는데, 금융 기관에 저축하는 사람들에게는 분명 손해가 될 수 있지만, 금융 시스템을 보호하는 정당한 수단으로 인정받고 있다.

> **건전성 규제**
> 정부와 금융감독기구가 은행, 증권사 등 금융 기관의 제도와 금융서비스 제공자의 건전성을 보존하기 위해 부과하는 각종 요건과 지침을 말한다. 자기자본비율과 자기자본규제, 자산건전성규제, 경영실태평가, 적기시정조치, 유동성규제 등이 있다.

그다음으로 세금 부담을 늘리거나 아예 소유하지 못하도록 만들어서 대체 자산을 덜 매력적인 투자 대상으로 만들 수도 있다. 이런 정책은 이전에도 쓰인 적 있으며 기록으로 남아있다.* 이미 세계 금융위기에 대한 '임시' 대응으로도 여러 번 적용되었는데, '임시'라는 단어가 원래의 뜻을 잃고 아예 정의가 확장된 듯 보인다.

---

*   Reinhart, C. and Sbrancia, M., 2011. The Liquidation of Government Debt. National Bureau of Economic Research: NBER Working Paper Series.

주식:
주식 숭배의 탄생

주식 투자자들은 완전히 다른 수익률을 경험했다. 1945년부터 1980년까지 전쟁이 끝난 후 35년 동안, 미국 주식은 연평균 수익률 7%를 기록했다. 이 시기 주식 투자자들이 거둔 월등한 수익을 바탕으로 '주식에 대한 숭배'가 탄생했다. 애널리스트들에게 주식과 채권 수익률 차이를 측정하는 작업이 반드시 필요해진 시기이기도 하다.

채권 실질 수익률이 마이너스인 오늘날에는 왜 같은 일이 일어나지 않는 것일까? 1950년대 이후 사람들이 주식에 관심을 두기 시작한 이유는 기업의 실적과 수익이 성장했기 때문이었고, 그렇다면 오늘날에는 더 높은 수익률을 기대할 수 있다는 이야기다. 하지만 당시와 현재 상황에는 큰 차이점이 두 가지 있다. 하나는 상장회사들의 수익성이 역대급으로 높은 수준이어서 앞으로 더 상승할 수 있는 여지가 별로 없다는 것이다.

다른 하나는 오늘날의 주식 밸류에이션 또한 너무나 고평가되어 있다는 점이다. 제2차 세계대전 직후 주식 밸류에이션은 역대 평균 수준보다 낮았지만, 현재는 그 반대이며 이보다 높았던 적이 거의 없을 정도다. 게다가 주식과 채권 수익률이 거의 차이가 없다는 사실도 지적할 만하다.

따라서 존경받는 학자이지만 운이 좋지는 않았던 경제학자 어빙 피셔의 1929년 주장처럼 주식시장 밸류에이션이 떨어질 일 없이 안정되었다는 관점으로 현재 밸류에이션 상황을 정당화기는 어렵게 되었다. 전후 시대와 현재의 차이를 고려하면 의도적으로 이자율을 억제하는 정책이 뉴노멀이 되었다고 결론을 내는 쪽이 현명할 것이다.

우리 앞에 놓인
가시밭길

이제까지 살펴본 내용은 채권 또는 주식 투자를 하려는 이에게 희망을 거의 주지 않는다. 채권에 수익은 없고 위험만 있다거나, 상장 주식의 밸류에이션은 바람직하지 않은 가정을 바탕으로 너무 고평가되어있어 수익을 내기 어렵다는 결론을 내리게 되었을 것이다. 사모 증권이나 사채는 좀 덜 위험할까 싶지만, 이런 자산은 투명성이 부족해 역시 환상일 뿐이다. '에브리싱 버블'이라는 용어는 현재 상황을 너무나 잘 설명하는 것처럼 보인다.

국제 금융위기 이후 대공황이 다시 찾아오는 것을 피하려고 시행된 정책을 바탕으로 자산 밸류에이션이 상당히 높게 유지되고 있다고 결론을 내릴 수밖에 없다. 최근의 팬데믹은 정부 부채가 더 늘어나도록 부추겼고 바이러스가 창궐하기 전 이미 확연하게 드러났던 근본적인 문제들을 보지 못하도록 투자자들의 눈을 가렸다.

앞서 이야기했듯, 부작용이 두드러지게 드러나지 않자 부채를 확대해 시장을 뒷받침하는 식으로 정부 간섭의 기반이 점점 확고 해졌고, 정책 수단과 개입의 형태를 결정하는 요인은 정치색에 따라 조금 달라졌을 뿐이었다. 이러한 상황이므로 시장과 여론의 인식이 변하기 전까지는 정부의 간섭이 중요하게 여겨지리라고 예상해야 할 것이다.

몇 개월 또는 몇 년 후 자산시장이 어떻게 변화할지에 대한 시나리오를 하나만 생각해서는 안 된다. 가까운 미래를 내다보면, 각각의 자산시장은 그리 달갑지 않은 전망을 보여준다. 최선의 경우라해도 계획대로 되지 않을 것이며 최악의 경우에는 급격히 하락하리라고 예측해야 맞을 것이다. 정책 입안자들이 시장 변화에 어떻게 반응하는지에 향후의 많은 것이 달려있다.

앞으로의 전망에 호의적인 시나리오일지라도 주식 투자자뿐만 아니라 기타 자산에 투자하는 이들이 실망할 만한 부분은 항상 존재한다. 현재 일반적인 자산시장 밸류에이션을 고려하면 동화처럼 영원히 행복하게 살았다는 결말을 맞이하는 시나리오는 있을 수 없다. 그렇다면 과연 얼마나 나쁜 결말을 맞이한다고 예상해야 할까?

세계 채권 시장의 규모는 130조 달러, 주식시장의 규모는 110 조 달러에 달한다. 최악의 시나리오에서 채권과 주식의 가치는 함께 하락한다. 그런 일이 일어난다면 사모 증권·사채 및 부동산 시장에서도 같은 일이 일어날 것이고, 레버리지 비율이 높고 유동성에 더 민감한 이 시장에서 자산 가격이 훨씬 더 큰 폭으로 하락하리라는 것은 불 보듯 뻔하다.

완벽하게 똑같은 상황이 일어날 리는 없겠지만, 만약 채권의 가치가 30% 하락하고 주식 가치가 30~50% 하락하면 잠재적으로 전 세계적으로 75~95조 달러의 자산이 위험에 처하게 된다. 자산 가격을 지속 가능한 수준으로 조정하다 보면 어쩔 수 없이 사회 곳곳에서 손해가 발생할 수밖에 없다.

앞의 예시를 전체적인 맥락에서 살펴보자. 전 세계를 통틀어 자산 가치가 70조 규모로 하락한다면, 세계 총 GDP와 얼마 차이 나지 않는 규모이자 미국 경제 규모의 3.5배에 달하는 자산이 증발한다. 모든 가정에서 현재 밸류에이션을 바탕으로 지출 결정을 내린다고 가정하지 않더라도 이 정도의 침체가 온다면 당연히 역자산 효과(자산의 가치가 낮아짐에 따라 소비가 줄어드는 현상-옮긴이)가 있으리라고 예상할 수 있다.

자산 가격이 하락하면 직접적인 부정적 효과와 함께 수많은 부수적인 손실도 발생한다. 기업들이 파산하면서 실업률이 떨어지고 어쩌면 끊임없이 인플레이션이 발생할 것이다. 전반적인 경제 환경이 좋을 수가 없다. 이런 상황에서는 어떤 조처를 하더라도 문제가 더 악화되거나 또 다른 문제가 발생하므로 정책 입안자들은 골머리를 앓게 될 것이다.

자산시장을 부정적으로 내다보는 그 어떤 시나리오에서도 내일 당장 시장이 급격히 하락하지는 않는다. 다만, 너무 늦기 전에 밸류에이션을 현실적으로 조성하기 위해 기반을 다시 다져야 한다는 경고를 전할 뿐이다. 시장이 한순간에 급격히 하락할지, 오랜 기간에 걸쳐 단계적으로 하락할지는 알 수 없다.

앞의 가정으로 돌아가서, 밸류에이션이 장기적인 추세에서 동떨어질수록 탄력성은 커진다. 가까운 미래에는 탄력성이 더 커질 수 있다. 자유 시장에서 가격은 시장 참여자들이 믿는 자산의 가치에 따라 결정되고 그들에게 환상을 품어서는 안 된다고 규정하는 법칙은 없기 때문이다.

나는 우리가 한계점에 다다랐다고 생각한다. 현재 우리가 경험하고 있는 세상은 주식의 가치가 한껏 과대평가되었던 2007년(세계 금융위기)*, 1999~2000년(닷컴 버블)**과 충격적일 정도로 닮아있다. 당시에도 사람들은 느슨한 통화정책 아래 자산이 과잉인 상태에서 지나치게 장밋빛 미래를 꿈꿨었다. 나는 주식시장을 대대적

---

* Nairn, A., 2007. 'Time to Hunker Down'.BIndependent Investor.
** 'This time is different' March 2000, Franklin Templeton.

으로 조정하면서 발생할 위험에 대해 경고했고, 얼마 지나지 않아 우려는 현실이 되었다.

채권에 대한 결론은 좀 더 명확하게 내릴 수 있다. 정부 채권 수익률은 자산 가격을 평가하는 자산 가격 분석에서 '무위험' 할인율로 사용된다. 정부에 의해 보증되는 투자니만큼 합리적인 분석이라 할 수 있지만, 정부가 아니라 시장에 의해 가격이 결정될 때만 해당하는 이야기다. 정부가 주체가 될 경우, 안타깝지만 정부 채권은 기존의 인식처럼 무위험 투자 수단이 아닌 수익률은 없고 위험만 있는 투자 수단으로 정의된다.[*]

당연히 시장 고점에서 투자하는 것은 위험하다. 높게 평가된 밸류에이션을 유지하기 위해 중앙은행에서 막대한 투자를 했을 때는 더더욱 그렇다. '시장이 고점에 있을 때는 초인종을 누르지 않는다'라는 오래된 격언이 있다. 맞는 말이다. 현재 시장의 밸류에이션이 지나치게 높다는 신호는 너무 확실히 눈에 띄어서 한없이 낙관적일 것만 같았던 사람들조차도 어지럼증을 느낄 정도다.

오늘날의 시장 밸류에이션을 지탱하는 구조를 무너뜨릴 방아쇠는 무엇일까? 재정 과잉이 발생했던 과거를 돌아보면 시장을 요동

---

[*]   Grant, J., 2008. 'Insight: Return-free risk'. Financial Times.

치게 만들었던 요인은 엄청나게 다양했다. 전혀 관련이 없어 보이다가 나중에야 관련성이 밝혀진 요인도 있었다.

예를 들어 1987년, 분데스방크Bundesbank는 저점에 머무르던 금리를 인상했는데, 금리 인상 그 자체가 대격변적인 경제적 변동을 일으킨 것은 아니었다. 다만 금리 인상은 정책이 바뀔 수도 있다는 신호일 뿐이었지만, 시장 참여자들이 자신들의 결정을 다시 생각하도록 만드는 계기가 되기에 충분했다. 2000년 AOL(인터넷 서비스 사업을 하는 미국 기업. 현재는 타임워너의 한 사업 부문이 되었다-옮긴이)은 타임워너Time Warner(종합 유선 방송 시스템 운영이자 미디어 그룹-옮긴이)와 합병했는데 AOL에는 고평가된 주식을 바탕으로 자산을 싸게 사들일 수 있는 합리적인 결정이었으나 기술 및 통신TMT, technology-media-telecoms(IT 및 통신 관련 주식이 고평가되며 닷컴 버블이 발생했다-옮긴이) 관련 주식들에는 결국 악영향을 끼쳤다.

그리스 채권 시장은 국제 채권 시장에 영향을 끼치기에 규모가 작았지만, 유럽의 금융 체제의 상호 의존성을 부각시키고 유로존이 위기에 처하도록 만들었다. 여기까지의 모든 사례에서 시장 참여자들은 기존 투자 기반에 나타난 균열이 나타나자 자신의 결정을 재평가했고 자산 가격은 급격한 하향 곡선을 그렸다.

현재 상황에서는 미국의 경제와 자산시장의 규모가 세계적이고 영향력 또한 지배적이므로 앞으로 시작될 조정은 미국을 중심으로 이루어질 것이다. 하지만 처음 눈에 띌 균열이 반드시 미국에서 먼저 나타나리라는 법은 없다. 마찬가지로 인플레이션이 지속되면 고정 수익 투자 상품의 가격 통제권이 중앙은행에서 다시 시장으로 전달되겠지만, 그렇게 되기 위한 원인 또는 신호가 인플레이션뿐이라는 뜻은 아니다.

어떤 경로로 가든 결국 조만간 자산시장에 혼란이 올 것이다. 투자자들은 현재 세계 경제 시장에 유동성이 넘쳐난다는 사실에 안심하고 있지만 나는 지금 상황이 모두 부채로 빚어진 신기루라고 생각한다. 이 모든 유동성이 정부 대차대조표의 부채 면이 확장되며 나왔다는 매우 중요한 사실을 사람들은 필사적으로 모른 체하고 있다.

유동성이 마를 날은 반드시 올 것이다. 그리고 정부가 아닌 시장에 의해 정부 부채의 가격이 결정될 날 또한 올 것이다. 억제되어 온 정부 국채의 무위험 수익률을 바탕으로 평가된 밸류에이션은 곧 제자리를 찾아 투자자들을 환상에서 깨울 것이다. 우리가 생각해야 할 문제는 이러한 상황이 발생하느냐가 아니라 '언제' 발생하느냐다.

우리는 무엇이 방아쇠 또는 촉매제가 될지에 지나치게 집중한다. 정답은 인플레이션 때문일 수도 있고, 채무불이행 때문일 수도 있고, 시장 건전성 또는 재산권 침해에 대한 두려움 때문일 수도 있다. 어쩌면 부채 자금 조달과 재정 축소에 대한 걱정일 수도 있다.

이러한 요인들이 모두 혼합되어 나타날 수도 있고, 전혀 다른 예상치 못한 원인이 나타날 수도 있다. 하지만 무엇이 원인인지는 그다지 중요하지 않다. 자산 가격이 하락하는 이유는 너무 높이 올라갔기 때문이다. 지금과 같은 상황에서 유동성이 증발하고 나면 우려와 의심으로 가득 찬 시장에는 매수자가 거의 남지 않게 될 것이다.

단기적으로는 자산 가격이 하락해 경제에 미칠 위협에 대응하기 위해 정부의 간섭 또는 규제가 더 심해질 가능성이 크다. 이렇게 되면 시장의 가격 책정 메커니즘은 더 약해질 것이다. 구멍 난 둑을 손가락으로 막아 버티듯 이러한 조처로 잠깐은 자산 가격을 유지할 수 있다. 어쩌면 현재 펼쳐지고 있는 상황이 이미 이런 지경인지도 모른다.

하지만 결국 투자자들은 그러한 상태를 계속 유지할 수 없다는 사실을 깨닫고 자신의 투자 기반을 다시 돌아보게 될 것이다. 그러면 자산 가격은 엄청난 영향을 받을 수밖에 없다. 그리고 우리가 몇 년간 그토록 해결하려 했던 부채 문제가 마침내 무대의 중앙에 오를 것이다.

지금까지 폴 볼커의 정책으로 시작된 채권 및 주식에서의 강세장은 인구, 무역 및 시장 자유라는 순풍을 타고 오랫동안 좋은 흐름을 유지해왔다. 하지만 앞으로 어떤 시나리오가 펼쳐지든 우리는 지금까지와는 완전히 다른 세상에서 살게 될 것이다.

이런 환경에서 투자하는 방법을 파악한다는 것은 앞으로 펼쳐질 새로운 투자 체계를 정의하고 파악한다는 뜻이며, 이제껏 적응해온 환경과 무엇이 다른지를 이해한다는 뜻이다.

준비하라

새로운 투자 체계를 세우려면 앞으로 어떤 정치적·경제적 환경이 펼쳐질지 이해해야 한다. 과거 자산시장에 위기가 닥쳤을 때는 대부분 높은 밸류에이션이 점점 상승하다가 하락할 수밖에 없는 전환점을 맞이하는 시점이 있었다. '벌거벗은 임금님의 옷' 같은 이런 순간은 보통 사소한 사건에 의해 촉발되었다.

그러나 버블이 터진 후 그 파급 효과가 여러 자산에 걸쳐 널리 퍼졌을 때도, 다른 자산만큼 밸류에이션이 과하게 높지 않아 가격 하락의 충격을 흡수할 수 있었던 자산은 항상 있었다. 그리고 투자자들은 이렇게 새롭게 떠오른 기회를 통해 이득을 보았다. 한 가지 예로 1990년대와 그 이후 일본 주식시장이 끝없이 하락하는 동안에도 여전히 좋은 수익률을 거둘 수 있는 다른 자산시장이 얼마든지 있었다.

일본 시장에서 지수가 하락한 이유는 금리에 민감한 금융 및 부동산 부문이 큰 폭으로 하락했기 때문이었다. 지수가 하락하는 동안에도 저평가된 기업들은 얼마든지 찾을 수 있었다.

하지만 자본비용이 이렇게 오랫동안, 그것도 전 세계에 걸쳐 인위적으로 낮게 유지된 적은 한 번도 없었다. 또한 부채가 이런 규모로 쌓였던 적도 없었다. 그 결과 투자 자산 간의 원래의 관계성이 약해지거나 달라질 정도로 자산 가격이 상승했다. 결국, 포트폴리오를 구성하면서 위험을 분산하기가 어려워졌다.

이렇게 이례적인 상황 속에 실질적으로 모든 종류의 투자 자산의 가치가 크든 작든 부풀려졌다는 사실은 그리 놀랄 일이 아니다. 나는 종종 존 템플턴 경이였다면 지금 상황을 만든 원인을 무엇이라 생각했겠냐는 질문을 받곤 한다. 답하기 어려운 질문이고, 답을 하겠다고 시도하는 것조차 주제넘은 일일 수도 있다. 우선 존 템플턴은 부채를 원동력으로 성장하는 경제를 탐탁지 않게 생각했다는 사실을 말해두어야 할 것 같다. 고평가된 밸류에이션에 대한 대응에 대해 그의 조언은 언제나 매우 명쾌했다. 나는 연구 목적으로 아시아를 다녀온 후 1997년 존 템플턴을 방문했을 때를 생생히 기억한다. 아시아 시장은 과도한 낙관주의와 비현실적인 기대로 가득 차 있었고, 신흥 시장에서도 값싼 주식은 발견할 수 없었다고 그에게 전했다. 존 템플턴 경은 '경험상 고객을 위해 비싼 자산을 사는 것은 절대 합리적이지 않다'고 답했다.

달리 말하면 중요한 것은 자산 가격이 비싼지 아닌지 뿐이라는 뜻이다. 전문적으로 포트폴리오를 관리하면서 매력적인 대안이 없을 때 그는 채권, 현금성 자산 또는 다른 형태로 유동성을 확보했다. 가격이 적절하게 조정되어 새로 적절한 기회를 발견할 때까지 자산을 보존하기 위해서였다.* 안타깝게도, 한때 안전한 피난처로 여겨졌던 정부 채권은 오늘날의 수익률로는 실질적으로 투자하지 말아야 할 대상이 되었다.

이제는 존 템플턴 경에게 플러스 실질 수익을 낼 잠재력이 극히 낮아 보이는 극단적인 상황을 어떻게 헤쳐 나가면 좋을지 조언을 구할 수 없다. 어쩌면 우리는 저평가된 자산을 찾을 수 없다는 점에서 정말로 이전과는 다른 시대를 살고 있는지도 모른다. 자산을 비싸게 주고 사면 장기적으로 형편없는 투자가 되리라는 점은 달라지지 않는다.

투자관리자들은 보통 자신이 선택한 전략에 따라 고객의 자산을 전부 투자하게 되어 있지만, 자유롭게 유동적으로 자산을 투자할 수 있다면 고객에게 최상의 결과를 가져다줄 방법으로 자산을 관

---

* Davis, J. and Nairn, A., 2012. Templeton's Way with Money. Wiley.

리해야 할 신의성실 의무가 있다. 나를 포함한 이런 이들은 힘든 결정을 마주하고 있다.

선택하기 힘든 이유는 선택지가 몇 없기 때문이다. 세계 시장에 상장된 기업들은 비싸다. 비상장 주식은 부채가 증가하고 부채 이행 기반이 약해지면서 그 어느 때보다 밸류에이션이 높은 상태로 거래되고 있다. 기존 정부 채권의 현재 수익률은 전혀 매력이 없다. 물가연동채권과 금은 좋아하는 사람들이 있기는 하지만 이들의 운명 역시 당국에서 어떤 방향으로 문제를 헤쳐나가느냐에 따라 달라진다. 적절한 무역수지를 기록하며 부채가 적은 국가의 통화를 현금으로 보유하는 방법으로 자산을 지킬 수 있을 것 같지만 장기적으로 보면 인플레이션에 의해 가치가 떨어지게 되므로 이 방법역시 좋은 기회가 찾아오면 언제든 다른 곳에 투자할 준비가 된 상태에서 잠시 자금을 보관하는 수단으로만 사용돼야 할 것이다.

당국에서 앞으로 하락할 것이 분명한 주식시장을 위해 어떤 조처를 할지 알기 전까지, 그리고 새로운 조건에서 인플레이션과 경제 성장이 어떤 방향으로 흘러갈 것인지 더 나은 판단을 할 수 있을 때까지는 인내심을 발휘해야 한다. 정부에서 제2차 세계대전이 끝난 뒤처럼 자본과 금리 통제에 의지할지 누가 알겠는가? 혹은 인플레이션이 폭등하도록 내버려 둘 수도 있지 않을까?

경기 침체가 언제 닥쳐올지를 정확히 예측하기는 힘들지만, 우리가 지금 당장 해야 할 일은 새로운 세상이 어떤 모습일지, 그리고 버블이 끝난 후 어떤 방식으로 투자해야 할지 충분히 명확하게 알 수 있게 되었을 때 빠르게 투입할 수 있는 유동성을 확보하는 것이다.

감사의 말

이제까지 글을 써왔던 것과 비슷한 과정을 거쳐 이 책을 완성했다. 내가 내린 결론은 확실해 보였지만 시간을 들여 중요한 요소가 빠지지는 않았는지 그러한 요소로 논리적인 결과가 바뀔 수 있을지 반드시 짚고 넘어가야 한다고 생각했다. 주장을 글로 옮기고 이를 뒷받침할 데이터를 찾는 일은 시간이 들고 지치는 일이었지만, 그 과정에서 부족한 부분을 찾을 수 있었다. 덕분에 이렇게 꼼꼼하게 들여다보지 않았더라면 발생할 수 있었을 감정적인 결과를 도출하지 않을 수 있었다.

혼자서 지나기에는 버거운 여정이고, 성공적으로 이 여정을 마치기까지는 상당한 도움이 필요하다. 그런 의미에서 나는 통찰력과 인내심을 발휘해 내가 보낸 원고를 몇 번이고 수정하고 편집하고 다듬어 준 조너선 데이비스에게 감사의 마음을 전한다. 앨런 바틀렛은 법의학자와 같은 꼼꼼한 분석 기술을 가지고 나와 정기적으로 소통하며 정확한 판단을 내리는 데 도움을 주었다. 까다로운 나를 받아주며 자신들의 기술로 내 원고를 책의 형태로 만들어 준 마일즈 헌트와 크리스토퍼 파커에게도 감사한다. 또한, 다양한 의견으로 공개적인 토론의 장을 조성해 준 프랭클린 템플턴에도 감사한다. 이 책의 내용은 개인적인 견해이며 프랭클린 템플턴이라는 조직 전체의 의견이 아님을 다시 한번 밝혀두고 싶다. 마지막으로 나를 지지해주는 우리 가족에게 감사드린다. 특히 원고를 마무리 지으며 '다시는 책을 쓰지 않겠다'라고 하자 어이없어하며 눈을 굴리지 않으려 필사적으로 노력하던 아내에게 감사하다는 말을 전한다.

버블 : 기회의 시그널

초판 1쇄 발행 · 2022년 4월 6일

지은이 · 알레스데어 네언
옮긴이 · 배지혜
발행인 · 이종원
발행처 · (주)도서출판 길벗
출판사 등록일 · 1990년 12월 24일
주소 · 서울시 마포구 월드컵로 10길 56 (서교동)
대표전화 · 02) 332-0931 │ **팩스** · 02) 322-0586
홈페이지 · www.gilbut.co.kr │ **이메일** · gilbut@gilbut.co.kr

기획 및 책임편집 · 이치영(young@gilbut.co.kr) │ **영업마케팅** · 정경원, 김도현
웹마케팅 · 김진영, 장세진 │ **제작** · 이준호, 손일순, 이진혁 │ **영업관리** · 심선숙
독자지원 · 송혜란, 윤정아

교정교열 · 김은혜 │ **디자인** · 석운디자인 │ **CTP 출력 및 인쇄** · 금강인쇄 │ **제본** · 금강인쇄

ISBN 979-11-6521-931-0 03320
(길벗 도서번호 070484)

정가 : **16,500원**